Joan Anderson hat viel erreicht. Als Fünfzigjährige ist sie ausgestiegen, hat sich von Beruf und Familie zurückgezogen und sich ganz auf ihren eigenen Lebensrhythmus besonnen. Über diese neue Sicht auf ihr Leben, über ihren Rückzug auf Cape Cod und ihre Erfahrungen schreibt sie ein Buch (›Ein Jahr am Meer‹), mit dem sie ihren Leserinnen aus dem Herzen spricht. Seitdem ist sie mit Lesungen, Vorträgen und Seminaren viel beschäftigt – und muss irgendwann feststellen, dass ihr alles längst entglitten ist. Während sie in ihren Kursen über Besinnung auf das eigene Selbst spricht, hetzt sie im täglichen Leben von Termin zu Termin, kümmert sich um ihre alte Mutter, den Ehemann, die Kinder, die Enkel, sie übernimmt viel zu viele Verpflichtungen und hat kaum mehr Zeit für ihre Freunde, geschweige denn für ihre eigenen Bedürfnisse. Höchste Zeit also, innezuhalten und die Prioritäten anders zu setzen. Joan Anderson nimmt sich erneut eine Auszeit, sie begibt sich auf eine »zweite Reise« und findet in der Einsamkeit einer schottischen Insel wieder zu sich selbst.

Joan Anderson ist Journalistin und Autorin. Sie lebt mit ihrem Mann auf Cape Cod.

Joan Anderson

Zurück ans Meer

Aus dem Englischen
von Susanne Aeckerle

Deutscher Taschenbuch Verlag

Von Joan Anderson sind im
Deutschen Taschenbuch Verlag erschienen:
Ein Jahr am Meer (20533)
Spaziergang am Meer (20808)

Ausführliche Informationen über
unsere Autoren und Bücher
finden Sie auf unserer Website
www.dtv.de

Deutsche Erstausgabe 2010
Deutscher Taschenbuch Verlag GmbH & Co. KG, München
Die Originalausgabe erschien unter dem Titel
The Second Journey. The Road Back to Yourself
© 2008 Joan Anderson
Published by Arrangement with Joan Anderson Wilkins
Dieses Werk wurde vermittelt durch die
Literarische Agentur Thomas Schlück GmbH, 30827 Garbsen
Deutschsprachige Ausgabe:
© 2010 Deutscher Taschenbuch Verlag GmbH & Co. KG, München
Alle Rechte vorbehalten.
Umschlagkonzept: Balk & Brumshagen
Umschlaggestaltung: Wildes Blut, Atelier für Gestaltung,
Stephanie Weischer unter Verwendung eines Fotos
von gettyimages / Sara Gray
Innenabbildungen: © Fotolia 2004–2010 / Mike Liu
Satz: dtv / Bernd Schumacher
Druck und Bindung: C. H. Beck, Nördlingen
Gedruckt auf säurefreiem, chlorfrei gebleichtem Papier
Printed in Germany · ISBN 978-3-423-21233-5

Für Andrew und Luke ...

Dank für alles,
was ich auf der ersten Reise von euch gelernt habe,
um mich auf die zweite vorzubereiten.

Inhalt

Zehn Jahre später

… eine Kleinigkeit,
die ich in diesen Jahren gelernt habe,

allein zu sein,
und am Rand des Alleinseins
von der Welt gefunden zu werden.

Unschuld ist es, die wir
uns wiederschenken lassen,
nachdem wir uns selbst verschenkt haben.

Nur eine Welt gibt es,
der wir uns einst voll und ganz geschenkt haben
und der wir eines Tages

wieder teilhaftig werden.

David Whyte
aus
The House of Belonging

Prolog

Wenn wir die Mitte des Lebens erreicht haben, wird das Bedürfnis nach Selbsterkenntnis stärker. Wir sind an einem Punkt angelangt, an dem der jugendliche Elan verpufft ist, die Möglichkeit des Versagens auftritt und die Träume von früher seicht und sinnlos erscheinen. Und wir stellen uns plötzlich die schwierigen Fragen: Was soll ich jetzt tun? Worauf kommt es wirklich an? Wer bin ich?

Viele Jahre lang bin ich diesen Fragen ausgewichen, weil ich zu viele Verpflichtungen hatte – an zu viele andere Menschen denken musste. Aber plötzlich gab es keine Ausreden mehr. Alte Wahrheiten und Ideale hatten sich abgenutzt. Ich war ruhelos, unglücklich, erfüllt von einem undefinierbaren Schmerz, stand an einem Scheideweg ohne klare Vorstellung, welchem Pfad ich folgen sollte. Ich wusste nur, dass sich etwas ändern musste. Also wagte ich den Sprung, kehrte meinem bisherigen Leben den Rücken und stürzte mich kopfüber ins Unbekannte.

Mein erstes Buch *Ein Jahr am Meer* erzählt von dem »Erwachen«, das ich erlebte, als ich meinen Mann und meine Familie verließ, um auf Cape Cod zu leben. Es ist ein sehr persönlicher Bericht, der vielen Frauen geholfen hat, ebenfalls aufzuwachen. Sobald ich jedoch wieder mit anderen zusammenlebte, erwies es sich als schwierig, der Reiseroute zu folgen, die ich in meinem allein verbrachten Jahr entworfen hatte. Ein einfaches Leben zu führen und dabei dem Kreislauf der Natur und meinen eigenen inneren Gezeiten zu folgen, an den Stränden von Cape Cod entlangzulaufen und nur für mich allein zu kochen, war etwas ganz anderes, als meinen Platz im Familien- und Freundeskreis wieder einzunehmen und mich ernsthaft dem Schreiben zu widmen.

Dieses Buch umfasst die zehn Jahre seit dem »Erwachen« bis in die jüngere Vergangenheit, in der ich allmählich in meiner eigenen Realität sesshaft wurde. Während sich eine Illusion nach der anderen auflöste, war ich in der Lage, endgültig zu erfassen, was einfach und wahr ist. Beim Rückblick auf die Wege, die ich eingeschlagen hatte, erkannte ich, welche verlässlich waren und welche nicht – jene, auf die ich rein zufällig gestoßen war und die mit Lektionen und Mühsal verbunden waren, und jene, die zu falschen Zielen geführt hatten, welche kurzfristig verlockend gewirkt hatten, sich jedoch langfristig als katastrophal erwiesen.

Ich hoffe, Sie durch das Aufzeigen meiner Fallgruben und Triumphe zu ermutigen, Ihre eigene neue Reiseroute zu entwerfen und dabei nicht zu vergessen, dass Umwege, Nebenstraßen und rutschige Fahrdämme Teil der Reise sind – wir aber auch entsprechende Lehren daraus ziehen müssen. Doch wie beginnen solche Reisen?

Der innere Drang nach einer zweiten Reise wird für gewöhnlich durch unerwartete Veränderungen beschleunigt, die zu einer so starken Krise führen, dass man wie gelähmt ist. Auslöser können beispielsweise Untreue, die Diagnose einer schweren Krankheit, der Tod eines geliebten Menschen, Verlust von Selbstwertgefühl und Machtverlust sein. Einer Frau, die damit konfrontiert ist, bleibt gar nichts anderes übrig, als innezuhalten, sich abzusondern, sogar fortzuziehen, bis sie die Richtung, die sie einschlagen sollte, neu bewerten kann. Soll sie auf Kurs bleiben oder einen anderen Weg nehmen?

Leider blockieren viele von uns ihre Wachstumsfähigkeit, weil die Gesellschaft ein Leben in Gleichförmigkeit fördert.

Wir verzögern, verleugnen, ignorieren die nachfolgende Krise aufgrund von Verwirrung, Unbehagen, ja sogar aus Schicklichkeit. Doch ich begegne immer mehr Frauen, vor allem in der Lebensmitte – diesem unbehaglichen und schlecht zu definierenden Zeitraum –, die nicht einfach nur stagnieren, sondern lieber produktiv sein wollen. Die heutige Frau hat den Drang, gegen den Strom zu schwimmen, aus der Reihe zu tanzen und mit einer höflichen Gesellschaft zu brechen, die von ihr verlangt, sich an ungeschriebene Beziehungsregeln zu halten, den Machtmissbrauch am Arbeitsplatz hinzunehmen und munter mit unzähligen Forderungen anderer zu leben, obwohl sie doch ihre eigenen Wünsche hat.

Dieses Buch will Ihnen helfen, sich durch Veränderungen zu navigieren – aufzuwachen und eine entschlossene, leidenschaftliche Pilgerin auf Ihrem ganz eigenen Pfad zu werden. Das bedeutet nicht, Familie und Freunde aufzugeben, sondern einfach nur, den Familienkreis und andere Beziehungen in Ihre Welt zu integrieren, damit sie Teil Ihres Lebens, aber nicht Ihr gesamtes Leben sind.

Bei meinen Reisen oder den Erfahrungen, die ich in meinem Leben machte, musste ich mir zwangsläufig Rechenschaft darüber ablegen, was sich überlebt hatte und was nicht gelebt worden war. Nach und nach ließ ich alles los, was vorbei und beendet war. Damit konnte ich Platz schaffen für neue Ansätze sowie bisher ungelebte Möglichkeiten und sie willkommen heißen.

Wir sind dazu geboren, wir selbst zu sein – mit dem Bedürfnis, unsere Gene aufzurüsten –, also immer wieder zurückzuschauen und uns mit der Person anzufreunden, die wir einst werden wollten. Das Leben formt sich ständig neu, genau wie das Meeresufer. Das Kunststück besteht darin, die Veränderungen zu begrüßen und dann mit ihnen zu arbeiten, nicht gegen sie anzugehen, und damit unsere angeborenen Stärken zu vertiefen. Alle Stadien, die Frauen durchlaufen, zu kennen, anzunehmen und zu zelebrieren – wie wir unsere Ängste überwunden haben, unsere ganz eigene Entschlossenheit respektierend –, das ist der Treibstoff, den wir brauchen, um unsere unabhängigen Reisen fortzusetzen. Das Ziel besteht darin, in der Mitte des Lebens mündig zu werden, statt bis an unser Ende ziel- und energielos dahinzudümpeln. Es geht darum, unser Leben nach unserer eigenen Vorstellung umzukrempeln.

Die zweite Reise

Sackgasse

September

Die Ankunft an einem Ziel schafft immer einen Aufruhr,
der nichts mit den Vorstellungen zu tun hat,
die man sich zuvor gemacht hat.

David Whyte

An einem strahlenden Septembermorgen sitze ich entspannt auf einer Terrasse am Rande der Salzmarsch, Kaffeetasse in der Hand, die Füße auf dem Geländer und mehr als bereit für einen Vormittag mit den neuesten Neuigkeiten von Ro und Susan, zwei meiner engsten Freundinnen auf Cape Cod. Ich atme tief durch, schaue hinaus auf das Salzgras, das sich nun, da die Sonne höher steigt, in ein flammendes Orange verwandelt, und denke darüber nach, warum ich Cape Cod so liebe – vor allem diesen besonderen Fleck, an dem ich, wenn der Wind richtig steht, das Donnern des Atlantiks in der Ferne höre. Hier, in einem Moment wie diesem, verspüre ich ein tiefes Gefühl der Harmonie. Ich bin mit der Welt im Reinen.

»Also«, legt Susan los, sobald der Korb mit den Croissants die Runde gemacht hat, »du hast es tatsächlich auf die Terrasse geschafft – zum ersten Mal seit drei Monaten.« Mit einem Ruck wende ich mich von der Landschaft ab und dem sarkastischen Ton zu, den ich in ihrer Stimme wahrnehme, und bin verblüfft über den ernsten Ausdruck auf den Gesichtern der beiden.

»Was willst du damit sagen?«, frage ich, nehme einen Schluck Kaffee und warte auf eine Antwort, die nicht kommt. Ich bin in der Stimmung für einen längst überfälligen Schwatz, einen dieser gemütlichen Vormittage, die wir regelmäßig abhielten, bevor die Lesereisen für mein letztes Buch und das Schreiben des neuen dazwischenkamen. Aber offensichtlich wollen sie mich ins Gebet nehmen. Ich kenne die Zeichen nur zu gut. Allem Anschein nach kann ich in letzter Zeit niemanden mehr glücklich machen. Ende August, nach dem jährlichen Familientreffen, beschwerten sich meine Kinder bei der Abreise, ich hätte die ganze Zeit so abwesend gewirkt, meine einundneunzigjährige Mutter kommt jeden Morgen vorbei und seufzt laut, wenn ich sie daran erinnere, dass ich arbeiten muss, und meine Agentin quält mich ständig mit bevorstehenden Abgabeterminen. Ganz gleich, wie hart und schnell ich in die Pedale trete, dauernd habe ich das Gefühl, zurückzurollen, während ich bergauf strampele.

»Ihr zwei wisst doch, wie viel Arbeit ich momentan habe«, sage ich, ohne meine Enttäuschung zu verhehlen. Beide hatten, bevor sie sich nach Cape Cod zurückzogen, Berufe, in denen sie unter Hochdruck standen. Susan war Fernsehproduzentin und Ro Marketingleiterin. Beide Frauen haben außerdem Kinder großgezogen und Ehen geführt. Sie kamen müde, ausgelaugt und abenteuerlustig auf das Cape. Wir sind Kajak gefahren, haben Strandwanderungen gemacht, waren zusammen einkaufen und haben uns Geheimnisse anvertraut. Für gewöhnlich haben sie Verständnis für meinen übervollen Terminkalender, und sie sind die Ersten, die ich anrufe, wenn ich festhänge und einen ordentlichen Marsch durch den Wald brauche, um meine Gedanken zu ordnen. Daher bin ich erstaunt über die Schärfe, die in der Luft hängt.

»Hier geht es um mehr als um deine Arbeit, Joan«, sagt Ro. »Wenn ich in so einem Zirkus mit drei Manegen leben müsste wie du, würde ich überhaupt nichts zustande bringen. Das ist der Grund unserer Besorgnis – du scheinst momentan dein schlimmster Feind zu sein. Du bist zu einem Nimmersatt geworden – lädst dir ständig mehr auf den Teller, als du bewältigen kannst –, und diese Überlastung bringt dich um. Schau dich doch mal an, um Himmels willen. Wann hast du dir zum letzten Mal Strähnchen machen lassen – vermutlich vor deiner letzten Lesereise. Du nimmst dir jedenfalls überhaupt keine Zeit mehr für dich.«

»Du hast drei Bücher geschrieben, zahllose Mut machende

Reden vor Frauen gehalten und sie gedrängt, sich davon zu lösen, auf die Erwartung anderer Rücksicht zu nehmen, und gleichzeitig tanzt du selbst wie wild nach der Pfeife anderer«, fügt Susan hinzu. »Das ist doch irgendwie verrückt – findest du nicht?«

Sie hat recht. Seit *Ein Jahr am Meer* zum Bestseller wurde, habe ich mein Privatleben und meine Bedürfnisse meiner Arbeit angepasst. Fünf Enkelkinder, ein pensionierter Ehemann und die diversen Augen- und Magenoperationen meiner Mutter kamen sozusagen noch obendrauf. Von mir bleibt nie genug übrig. Obwohl ich ihre Bemerkungen am liebsten mit einem Lachen abtun würde, will mir das nicht gelingen. Stattdessen beiße ich mir auf die Zunge und wende mich wieder der Marsch zu, wo eine Fischadlermutter ihre Jungen zum Fliegen ermutigen will, und spüre den Frieden, der mich überkommt, wann immer ich mich in der freien Natur befinde.

»Spiel jetzt nicht die Passive«, stichelt Ro, die mitbekommen hat, dass ich mich entziehen will.

»Mach ich nicht. Ich konzentriere mich nur auf das, was ihr sagt. Ziemlich heftig für einen frühen Morgen.« Die gute Laune, mit der ich auf die Terrasse gekommen bin, sackt in sich zusammen. Ein solches Auf und Ab erlebe ich in letzter Zeit häufiger, bin entspannt und gesprächig, wie noch vor einer Minute, nur um dann jäh in Erschöpfung und Trübsal zu versinken. Ich weiß, dass diese Stimmungsschwankungen nur eine weitere Begleiterscheinung meines übervollen Zeitplans sind, bin aber völlig ratlos, wie ich das ändern soll. Als ich mein erstes Buch schrieb, hatte ich keine Ahnung, dass Erfolg so hektisch machen würde. Naiverweise dachte ich sogar, es würde mehr Freiheit bedeuten, aber ich weiß, dass ich nur so gut bin wie meine neuesten Verkaufszahlen. Das Problem ist, ich mag meine Arbeit. Gewiss, ich verbringe mehr Zeit am Telefon, mit dem Beantworten von E-Mails, bei Treffen mit Fans und Geschäftspartnern und mit allem, was sonst noch nötig ist, um meine Arbeit zu fördern, als mit dem eigentlichen Schreiben, aber ich bin froh, mich so produktiv und erfüllt zu fühlen.

»Hört zu, ich tue wirklich mein Bestes«, antworte ich abwehrend. Außerdem können sie leicht mit dem Finger auf mich zeigen: Sie sind beide im Ruhestand, sind finanziell gut abgesichert und haben jede Menge freie Zeit. Mein Mann ist vorzeitig in Pension gegangen, und seine Lehrerpension reicht oft nicht aus.

»Wir möchten nur, dass du dir klar machst, wo deine Prioritäten liegen«, fährt Susan ein wenig von oben herab fort. »Vergiss nicht, wir haben das auch durchgemacht. Wir haben beide zugelassen, dass uns die Arbeit das Leben aussaugte, und wir möchten dir nur helfen, bevor es zu spät ist. Wonach ich in meinem Job auch hergejagt bin, es lag immer um Haaresbreite außer Reichweite.«

»Mein Job war genauso«, wirft Ro ein. »Bevor ich in den Ruhestand gegangen bin, war mein Leben wie eines mit Reizdarmsyndrom in einem Dilbert-Cartoon. Ich hatte nie die Möglichkeit, mich wieder aufzuladen. Die eine Marketingkampagne war noch nicht ganz zu Ende, da fing schon die nächste an. Dauernd ging es um Termine – niemals um persönliche, wohlgemerkt, sondern die vom Markt diktierten. Eine Weile versuchte ich, dieses Ungleichgewicht mit der Illusion zu rechtfertigen, welche guten Dienste meine Firma den Menschen doch leistete. Aber all diese Ausreden verschwanden, als das Unternehmen, für das ich arbeitete, am gleichen Tag Ben and Jerry's Icecream und die Diätmarke Slim-Fast kaufte. Meine erste Reaktion war, habe ich dafür meine besten Jahre hergegeben? Joan, wir möchten beide nicht, dass du unsere Fehler wiederholst.«

»Daher wird es Zeit, dass du dich fragst, was dich antreibt: das Geld oder die Botschaft?«, hakt Susan nach. »Du wirfst mit erstaunlichen Weisheitsbrocken um dich, aber lebst du selber danach? Ro hat recht – du siehst abgespannt und müde aus.«

»Tja, vielen Dank für das Kompliment«, sage ich, perplex über ihre Offenheit und ratlos, wie ich darauf reagieren soll. Wie das bei guten Freundinnen meist der Fall ist, kennen sie zu viele meiner Geheimnisse, aber ich bin nicht bereit, mich geschlagen zu geben. Zwischen ihrer Erfahrung als Angestellte und dem Leben, das ich führe, gibt es viele Unterschiede, und ich möchte immer noch so vieles tun. Ich muss mein Leben nur besser organisieren und mehr Kontrolle über meinen Zeitplan gewinnen. Ich greife nach einem weiteren Croissant.

Allerdings bin ich neugierig, warum sie plötzlich so aufgebracht sind. Mir fällt ein, dass ein Sitcom-Star nach dem Ende ihrer jahrelang gelaufenen Serie einmal sagte, sie hoffe, all die Freundschaften zu erneuern, für die sie während ihrer Arbeit keine Zeit gehabt hätte. Ist es das, worum es hier geht?

»Habt ihr das Gefühl, ich habe euch links liegen lassen?«, frage ich.

»Nein«, erwidert Ro ein wenig zu schnell für meinen Geschmack. »Wir haben das Gefühl, du sonderst dich von deinem eigenen Leben ab – gibst es fort und nimmst dir nichts von all den guten Sachen für dich. Das Leben, das du führst, muss verdammt einsam sein, Bestseller hin oder her. Du bist an deinen Computer gekettet, und wenn du mal davon loskommst, landest du in einem tristen Hotelzimmer.«

»Ja, wir vermissen dich«, fügt Susan hinzu. »Deine Kompetenz oder deine Amazon-Verkaufszahlen sind uns egal. Was ist mit der guten alten Joan passiert – der locker-flockigen Frau, die gerne feiert, nackt im Mondlicht badet und zu viel Wein trinkt?«

Auch ich erinnere mich an diese Frau, und der Gedanke an sie bringt mich zum Lächeln. Trotzdem hat sich die Stimmung dieses Morgens verändert, und jetzt fühle ich mich unbehaglich. Ich möchte distanziert bleiben und irgendwie so tun, als sprächen sie über jemand anderen, nicht über mich. Ro spürt wohl mein Unbehagen, weil sie rasch vom Hinweis auf das Problem zu einem Lösungsvorschlag umschaltet.

»Also pass auf, ich möchte, dass du dich wieder beim Fitnessstudio anmeldest«, beharrt sie und überreicht mir die Anmeldekarte, die sie wie zufällig aus der hinteren Hosentasche zieht.

»Und ich werde dich zum Tai-Chi mitschleppen«, fügt Susan hinzu.

Ich blicke sie beide entgeistert an. Ich gebe ja gern zu, dass ich das Tempo drosseln und Zeit für mich selber rausschlagen muss. Aber ich muss auch meinen Schreibtisch aufräumen und dieses neue Buch planen, statt meinem Terminkalender auch noch Sportstunden hinzuzufügen. Es stimmt ja, dass das Leben, das ich führe, seinen Glanz verloren hat. Doch heute wollte ich nur einen schönen sonnigen Morgen erleben, die ruhige Gesellschaft guter Freundinnen genießen und die Möglichkeit haben, durchzuatmen.

Ich gehe zur Tür, umarme beide und danke ihnen für die Vorschläge. Auf der Heimfahrt werde ich von unerfreulichen Gedanken überwältigt, zu denen auch ein immer wiederkehrender Traum gehört, den ich in der letzten Zeit gehabt habe. In dem Traum stehe ich im Keller unseres Hauses, das dank seines Alters einen Erdkeller hat. Ich bin davon überzeugt, jemanden ermordet und die Person in einer Ecke vergraben zu haben. Täglich besuche ich das Grab und bete darum, dass die Leiche rasch verwest, damit mein Verbrechen unentdeckt bleibt. Aber nichts ändert sich. Wenn ich aufwache, habe ich immer Angst und bin mir sicher, das Verbrechen begangen zu haben. Könnte es sein, dass die Person, die ich ermordet habe, ich selber bin?

Wie alles andere auch kann Wahrheit aufgehoben oder liegen gelassen werden, je nach Gemütszustand. Im Moment bin ich bereit, mir anzuhören, was meine Freundinnen zu sagen

24

haben, doch mir fehlt die Kraft für eine eingehende Selbstbetrachtung. Außerdem muss es doch möglich sein, kleine Korrekturen vorzunehmen, ohne gleich mein ganzes Leben neu zu bedenken. Jede radikalere Generalüberholung wird warten müssen, bis ich dieses Manuskript beendet und die für die nächsten paar Monate bereits gebuchten Workshops hinter mich gebracht habe. Trotzdem weiß ich im Grunde meines Herzens, dass ich verhindern muss, mich von meinen Zielen verschlucken zu lassen, wenn ich meine Identität behalten will. Da ich diese Komplikationen selbst gewählt habe, kann ich auch nur mir selbst die Schuld geben.

Die Ampel schaltet auf Rot, und ich muss anhalten. Ich verspreche mir, meinen Kalender durchzusehen und alles zu streichen, was mir überflüssig erscheint – Mittagessen aus rein gesellschaftlichen Gründen, Meetings, die ich nicht leiten muss, Partys, auf die ich keine Lust habe. Ich werde meinen Schreibtisch von unverlangt eingesandten Manuskripten befreien, erst nachmittags ans Telefon gehen und versuchen, für meine Mutter eine Hilfe zu bekommen. Zu merken, dass mir gleich ein paar machbare Lösungen einfallen, tröstet mich. Als die Ampel auf Grün schaltet, trete ich etwas fester aufs Gas als nötig. Alles wird gut werden.

Zwei Wochen später schaffe ich es endlich zu meiner Internistin, und das auch nur, weil sie mir kein neues Rezept ausstellen will, wenn ich keinen Termin ausmache. Ich bin nie gerne zum Arzt gegangen, und hier halb nackt in dem kalten, sterilen Untersuchungszimmer zu sitzen und zu warten, macht mich schier verrückt. Bei Ärzten scheint es zum Geschäftsprinzip zu gehören, Krankheiten bei ihren Patienten festzustellen, und da alle mit dem Finger auf meinen Lebensstil zeigen, bin ich mir ziemlich sicher, dass auch die Ärztin etwas finden wird, woran sie herumnörgeln kann. Ich höre, wie sich der Türknauf dreht, und wappne mich innerlich.

Ich habe mich für Dr. Pressman entschieden, weil sie eine Frau ist, Yoga statt Beruhigungsmittel empfiehlt, intelligent und dabei einfühlsam ist, und vor allem, weil sie sterblich scheint. Am besten gefällt mir an ihr, dass sie offenbar stets genug Zeit hat, sich ein wenig zu unterhalten; ihre sanften, aufrichtigen Fragen und die Tatsache, dass sie Einzelheiten aus meinem Leben im Gedächtnis behält, obwohl ich mich kaum noch erinnern kann, sie ihr erzählt zu haben, beruhigen mich jedes Mal. Diesmal ist es nicht anders, und nachdem wir ein paar Minuten geplaudert haben, beginne ich mich zu entspannen. Aber dann kommt sie darauf zurück, worum es hier wirklich geht … meinen Blutdruck. Das letzte Mal, vor ein paar Monaten, war er erhöht, und sie hat mir ein mildes Diuretikum verschrieben, mir geraten, mehr Aerobic zu machen, weniger Wein zu trinken und fünf Kilo abzunehmen. Bis auf Aerobic habe ich mich kaum an ihre Ratschläge gehalten.

»Mein Gott, Joan, was haben Sie denn angestellt?«, fragt sie, als die Luft aus dem Messgerät weicht. »Ihr Blutdruck ist höher als beim letzten Mal.«

Ich bemühe mich um einen nonchalanten Ton, obwohl ich die Besorgnis in ihrem Blick wahrnehme.

»Nichts Besonderes«, meine ich obenhin.

»Ach?«, murmelt sie, während sie das Ergebnis in meine Patientenakte einträgt. »Sind Sie nicht gerade von einer Lesereise zurückgekommen? Wo waren Sie denn diesmal?«

»Überall im Land. Zum Schluss in Philadelphia. Ansonsten fällt es schwer, einen Ort vom anderen zu unterscheiden.«

»Tatsächlich?«, sagt sie und äugt mich kritisch über den Rand ihrer Brille an. »Sind Sie schon mal auf den Gedanken gekommen, das könnte ein Zeichen dafür sein, dass Sie sich zu viel vornehmen?«

»Tun wir das nicht alle?«, witzele ich.

»Nein. Ich meine es ernst, Joan. Diese Werte sind besorgniserregend. Sie müssen sich wirklich Gedanken um Ihre

Prioritäten machen.« Da ist das Wort schon wieder. Dieses Gespräch klingt allmählich zu vertraut.

»Tja, einen Gang zurückschalten werde ich kaum können«, blaffe ich zurück. »Heute muss ich noch einen Vortrag in Connecticut halten, und mein Terminkalender ist den Herbst über ziemlich voll. Ich kann nicht einfach aufhören und aussteigen.«

»Dazu sollten Sie sich aber lieber etwas überlegen. Ihr gesamtes Herz-Kreislauf-System ist in Mitleidenschaft gezogen. Die Sache ist nicht umkehrbar, lässt sich aber unter Kontrolle halten. Vereinbaren Sie für nächste Woche einen Termin für einen Stresstest, und Sie müssen auch mit unserer Ernährungsberaterin sprechen – Ihr Zuckerspiegel sieht ebenfalls verdächtig aus. Ich stelle Ihnen ein Rezept aus«, fährt sie fort und reißt ein Blatt von ihrem Block ab. »Ich möchte ein EKG machen. Ziehen Sie sich bis zur Taille aus und schlüpfen Sie in diesen Kittel. Meine Sprechstundenhilfe wird gleich bei Ihnen sein.«

Kurz darauf liege ich flach auf dem Rücken, Elektroden an den Brüsten, am Hals und an den Armen, und starre auf die Neonröhre an der Decke, während die Sprechstundenhilfe mit einem Pokergesicht zuschaut, wie die Maschine den Papierstreifen ausspuckt, der den Zustand meines Herzens aufzeichnet. Nach ein paar Minuten nimmt sie mir geschickt die Elektroden ab und teilt mir mit, ich dürfe mich wieder anziehen. Ich rutsche von der Liege, streife meinen Rollkragenpullover über, fahre mir mit einer Bürste durchs Haar und gehe, ohne am Empfang einen weiteren Termin auszumachen. Einstweilen werden die Medikamente die Sache regeln. Schließlich geht es nur um den Blutdruck, nichts, was einen Krankenhausaufenthalt oder eine Operation erfordert, rede ich mir ein. Außerdem sollte ich in einer Stunde unterwegs sein, und ich muss noch packen und mich von meinem Mann verabschieden.

»Wie ist es gelaufen?«, fragt er und schaut über den Rand seiner Zeitung.

»Ach, ganz gut«, erwidere ich beiläufig, während ich zum Schlafzimmer eile. »Da ist immer noch die Sache mit dem Blutdruck, aber das lässt sich ohne Weiteres durch Medikamente korrigieren. Ich muss einen Stresstest machen, wenn ich zurück bin, und vielleicht zum Kardiologen. Ich fand ihre Reaktion etwas übertrieben, wenn du mich fragst.«

»Das finde ich eigentlich nicht.« Seine strenge Stimme lässt mich innehalten. »Du bist ein außer Kontrolle geratener Zug, Joan – du hältst nie an, du sagst nie Nein. Du fährst hierhin, fliegst dorthin, nur um noch einen verdammten Bestseller zu landen. Du bist zu einer regelrechten Publicity-Hure geworden. Was ist denn mit ›präsent sein, ein einfaches Leben führen, den Augenblick ergreifen‹ – deine Worte, nicht meine«, sagt er und klingt genau wie Ro und Susan. »Ich bin froh, dass man dich erwischt hat. Das war längst überfällig. Die Frage ist nur, besitzt du genug Selbstachtung, um zuzuhören?« Und damit wirft er seine Zeitung in den Müll, tippt sich salutierend an den Kopf und geht zur Tür hinaus.

Wie kann er es wagen, nach diesen Worten einfach zu verschwinden? Anscheinend glauben alle, ich würde das Tempo meines Lebens genießen. Und davon mal abgesehen, was trägt er zu unserem Haushalt bei? Seit er in Pension ist, spielt er nur noch Golf und arbeitet unentgeltlich für eine Reihe örtlicher politischer Ausschüsse. Ich weiß, dass er für diese Tätigkeiten vorher nie Zeit hatte, aber sie nehmen mir nicht den Druck, die Rechnungen zu bezahlen und unser Sparguthaben zu erhöhen. Ich eile ins Schlafzimmer, stopfe Toilettenartikel, Make-up und einen Jogginganzug in meine Übernachtungstasche. Je mehr ich über seine abrupte Zurückweisung nachdenke, desto wütender werde ich. Warum erscheint mir meine Ehe jetzt schwieriger als zuvor? Vermutlich hat es mit dem Sprichwort über Pensionierung zu tun: »Doppelt so viel

Ehemann für die Hälfte des Geldes.« Außerdem ist seine Terminplanung völlig unberechenbar. Mal spielt er Golf und geht zu einer Gemeinderatssitzung und steht mir an dem Tag überhaupt nicht zur Verfügung, an den nächsten drei Tagen hängt er nur im Haus herum. Ich weiß nie, was ich von ihm erwarten kann, und da er deutlich gemacht hat, wie sehr er seine neue Freiheit schätzt, habe ich auch nicht gewagt nachzufragen. Wie auch immer. Diese Dinge können wahrscheinlich nicht auf die Schnelle gelöst werden. Ich hinterlasse ihm eine kurze Nachricht, wo ich sein werde, und mache mich aus dem Staub – froh über diesen Notausstieg.

Falsche Ziele

Anfang Oktober

Hüte dich vor dem, was du dir wünschst,
denn dein Wunsch könnte in Erfüllung gehen.

Anonym

Trotz der Hektik des Reisens muss ich zugeben, dass ich diese kurzen Touren genieße. Allein im Auto, kann ich meinen Gedanken ein paar Stunden freien Lauf lassen, was jedem drohenden Wahnsinn stets Gestalt verleiht und Vergebung verheißt. Unterwegs muss ich nicht jeden einzelnen Schritt erklären, und ich entkomme dem Druck, der mein Alltagsleben belastet. Ich weiß, dass ich mich von jeder Idee oder Person, die in den letzten zwei Jahren an meine Tür klopfte, forttragen und versklaven ließ. Wieder mal hat mich meine Neigung eingeholt, es stets allen recht machen zu wollen. Also werde ich jetzt mal die Nomadin spielen, eine Rolle, die ich als Tochter eines Mannes perfektioniert habe, dessen Firma ihn alle zwei Jahre an einen anderen Ort versetzte. Bewegung verleiht Energie. Außerdem braucht man sich nicht groß einzulassen, wenn man auf Reisen ist und mit den Orten und Menschen nur vorübergehend in Kontakt kommt.

Ich bin noch kaum eine halbe Stunde auf dem Highway, als es sanft zu regnen beginnt und dichter Nebel die Sicht auf Kiefernwälder und Sümpfe auslöscht, die über diese Meereslandschaft verstreut sind. Nichts lenkt mich noch ab, daher schweifen meine Gedanken in die Vergangenheit, um herauszufinden, ob ich den genauen Moment festlegen kann, an dem mein Leben so sehr aus der Bahn geriet.

Meine neue Berufslaufbahn ist nicht der einzige Auslöser für all die Schwierigkeiten, obwohl ich ehrlich zugeben muss, dass mich der Erfolg geblendet hat. Sobald ich den Rausch empfand, den eine gewisse Berühmtheit auslöst, wurde ich süchtig nach all den damit verbundenen »Juwelen« – Geld,

Anerkennung, Einladungen zu Oprah Winfreys Talkshow, eine Berufung zu haben. Doch auch die wachsende Familie machte sich bemerkbar: Schwiegermutter zu werden, Großmutter, Pflegerin meiner alternden Mutter und – am ungewohntesten – die Mutter verheirateter Söhne, die beide sehr viel mit ihrem eigenen Leben zu tun haben, weshalb es oft fast unmöglich erscheint, ihnen nahe zu bleiben.

Der große Familienkreis und meine Verwicklung darin machten sich im letzten Sommer am deutlichsten bemerkbar, als ich ständig den Tisch für siebzehn Personen decken musste statt für sieben – einschließlich Hochstühlen und Rollstühlen an fast jedem Abend. Wo es einst nur meinen Mann und die Jungs gegeben hatte, gab es jetzt Ehefrauen und Kinder, diverse Onkel, Tanten und sonstige Verwandte, meine Mutter und dazu gerne noch ein oder zwei Zufallsgäste. Und wer hatte das alles zu organisieren? Nicht diejenigen, die alt und müde sind, und nicht die jungen Mütter mit Babys auf dem Arm. Ich! So wundervoll es auch ist, dass so viel durch das Leben einer Frau fließt, kann sich doch niemand von uns dagegen wehren, sich irgendwann ausgebrannt zu fühlen. Ich lache darüber, wie naiv ich damals war, als ich glaubte, wegzulaufen würde mein Chaos ordnen. In der Abgeschiedenheit war alles so leicht gewesen. Aber zurückzukehren war viel schwieriger, als ich es mir jemals vorgestellt hatte, nicht zuletzt deswegen, weil es mir offenbar nicht gelingen will, die Stränge meines Lebens auseinander zu halten.

Mir fällt ein Strandspaziergang ein, bei dem ich neulich eine angespülte Hummerreuse fand, verheddert in Angelleinen, aber noch mit ihrer Boje verbunden. Mir schoss durch den Kopf, wie sehr ich dieser Reuse gleiche – ohne Fang, verheddert und kaputt. Ich habe vielen Auftrieb gegeben, doch die Anstrengung hat mich verbogen und verformt. Und ohne es zu wissen, bin ich zu dem geworden, was ich niemals hatte werden wollen – eine unsichtbare Stütze, die Person, die sich bemüht, alle anderen über Wasser zu halten, ohne selbst jemals Auftrieb zu bekommen. Wir Frauen sind niemals fähig, uns dem Familienleben vollkommen zu entziehen, und die meisten würden das auch nicht wollen. Trotzdem sollte man doch meinen, dass unsere Tage weniger gehetzt sind, nachdem alle das Nest verlassen haben. Doch auf mich trifft das gewiss nicht zu.

Meist ist mein Arbeitsleben das Einzige, was ich einigermaßen unter Kontrolle habe und wo ich Frieden empfinde. Das eigentliche Problem liegt jedoch darin, dass ich nicht aufhören kann, mich beruflich übertreffen zu wollen. Keine Errungenschaft oder Anerkennung reicht jemals aus, denn innerlich bin ich immer noch die unbekannte Autorin mit einem Manuskript, für das ich siebenundzwanzig Ablehnungen bekam. Anscheinend bin ich die Letzte, die mein Glück akzeptieren oder glauben kann, es auch in Zukunft zu haben. Also arbeite ich wie eine Wilde, versuche jedes Projekt besser zu machen als das vorherige. Am Ende bleibe ich nur mit mir selbst, meiner Arbeit und der Melancholie zurück, die mit solch einer Zielstrebigkeit verbunden ist, während ich mich in der Öffentlichkeit als die ruhige und friedvolle, neu erfundene Frau darstelle, die im Augenblick verharrt und klare Intentionen hat. Doch wenn ich frei habe, ist mein Leben im Grunde genommen ein einziges Chaos, vor allem wegen der Anstrengung, sowohl die Fassade aufrechtzuerhalten als auch meine Fähigkeit, weiterzumachen. Meine Gefühlshaut ist mit der Zeit dicker geworden, genau wie meine Arterien, wie es scheint. Ich bin zu lange mit Vollgas gefahren, und jetzt hat mein Körper mir schließlich die Rechnung präsentiert.

Mein erstes Buch habe ich drei Jahre lang Agenten und Verlegern angeboten. Enttäuscht, aber unverdrossen bin ich nach jeder Ablehnung immer wieder an den Schreibtisch zurückgekehrt, habe die Geschichte zurechtgestutzt, überarbeitet und geglättet. Das Manuskript gedruckt zu sehen, wurde zu einem regelrechten Kreuzzug, angeheizt durch meine Entschlossenheit, den Wert dieses allein verbrachten Jahres unter Beweis zu stellen. Als das Manuskript endlich einen Verlag fand, leitete ich meine Energie einfach darauf um, es zum Erfolg zu machen. Ich konnte mir nicht vorstellen, mit dem Anschub aufzuhören. Selbst als andere sich zurückzogen und sich anderen Projekten zuwandten, machte ich weiter. Mir ging nie auf, dass ich nicht so hart arbeiten oder alles allein machen sollte. Darüber hinaus glaubte ich ehrlich, dass ich Frauen etwas zu sagen hatte, die genau wie ich einen Großteil ihres Lebens damit verbracht hatten, pflichtbewusst die Rolle der Tochter, Ehefrau, Mutter und Hausfrau zu spielen, ohne je zu fragen: »Was habe ich davon?«

Ich weiß noch, als wäre es gestern gewesen, wie ich im Bahnhof von Washington stand, nachdem ich gerade mein letztes Radiointerview gegeben hatte, das als fünfzehnminütiger Beitrag auf NPR ausgestrahlt werden sollte. Bob Edwards hatte mir einige Fangfragen gestellt, von denen ich mir wünschte, sie schlagfertiger beantwortet zu haben. Trotzdem waren die beiden Tage mit der Vorstellung meines Buches gut gelaufen, und ich empfand es als Privileg, auf Lesereise zu sein. Da mir bis zur Abfahrt meines Zuges noch eine halbe Stunde blieb, suchte ich mir ein Münztelefon und rief meine Agentin an.

»Liv, ich bin's«, sagte ich über das Dröhnen der gut modulierten Stimme hinweg, die Ankunft und Abfahrt verschiedener Züge ankündigte. »Ich dachte, ich bring dich kurz auf den neuesten Stand und hör mal nach, was als Nächstes geplant ist, bevor ich nach Hause fahre.«

»Nicht viel«, antwortete sie mit ausdruckslosem Ton, der Ärger verhieß. »Ich habe gerade erfahren, dass sie keine Taschenbuchausgabe drucken wollen.«

»Wie bitte?«, erwiderte ich, denn an den nächsten Schritt hatte ich nie gedacht.

»Joan, ich weiß, wie leidenschaftlich du dich für dein Thema einsetzt«, fuhr sie fort, nun bemüht, ermutigend zu klingen, »aber ich schlage vor, du findest dich damit ab und fängst was anderes an.«

»Du machst wohl Witze«, keuchte ich.

»Nein, mach ich nicht. Du hast verlagsintern keine Unterstützung mehr. Ganz gleich, wie sehr du deine Sache vertrittst, die Entscheidung ist gefallen. Nimm es nicht persönlich. Da geht's einfach nur um Geschäftliches.«

Drei Bücher später verstehe ich mehr vom Verlagswesen, aber damals wusste ich nur, dass ich noch Tausende anderer Frauen erreichen musste.

»Tja, vielen Dank für diese Nachricht«, sagte ich mit schwacher Stimme. »Mein Zug ist gerade angekündigt worden, und ich muss los.« Ich war müde und verwirrt, weil mir so plötzlich der Wind aus den Segeln genommen worden war, suchte meine Sachen zusammen und ging zu Gleis 6. Minuten später donnerte der Zug heran, ratterte über das Gleis und hielt schließlich am Bahnsteig an. Ich drängte mich an mehreren Menschen vorbei, fand einen Platz in einem stillen Abteil und ließ mich auf den Sitz fallen. Als der Zug aus dem Bahnhof schlich, legte ich meinen Kopf zurück und ließ mich vom sanften Schaukeln in den Schlaf wiegen.

Nach ein paar Stunden wachte ich erfrischt und mit neuer Entschlossenheit auf. Zum Glück gab es schon immer einen Teil an mir, der widerspenstig ist, weiterdrängt und seinen eigenen Weg geht, vor allem, wenn er vorzeitig angehalten wird. Ich griff nach der Brosche an meinem Revers – eine Fischerin aus Gold und Silber, die mir eine Freundin mit den Worten geschenkt hatte, ich würde eine »Frauenfischerin« werden. Genau wie »Die kleine blaue Lokomotive« würde ich mich mit einem einfachen Mantra vorantreiben – *Ich glaube, ich kann, Ich glaube, ich kann* –, verlagsinterne Unterstützung hin oder her.

Als der Schaffner New Haven ankündigte, fiel mir eine clevere Presseagentin ein, die hier ihr Büro hatte. Sie nannte sich die Buchärztin und war darauf spezialisiert, Bestseller auf den Markt zu bringen. Als der Zug den Bahnhof verließ, nahm ich mir fest vor, sie anzurufen, sobald ich zu Hause war. Ein Glas Wein kam mir wie eine gute Idee vor, daher ging ich in den Speisewagen und bestellte einen Chardonnay. Als ich in Providence ausstieg, war ich recht beschwingt und zurück im Spiel.

Das war die gute Nachricht. Ich rappelte mich auf und kämpfte fast im Alleingang dafür, mein Buch im Scheinwerferlicht zu halten. Die schlechte Nachricht war, dass ich gar nicht genug unterwegs sein konnte – um zu werben und Druck zu machen, nichts unversucht zu lassen, vor jeder Gruppe aufzutreten, die mir zuhören wollte, eine Buchhandlung nach der anderen zu besuchen. Zwanghaft verfolgte ich die Rangliste von Amazon und addierte die Verkaufszahlen. Nachdem ich mich von den Unterstützern, auf die ich gezählt hatte, im Stich gelassen fühlte, ging es mir eher darum, mich anderen zu beweisen, als meine eigene Botschaft vom Wert des einfachen Daseins zu leben. Beinahe über Nacht wurde mir der Nervenkitzel der Herausforderung wichtiger als die Weisheit, die mein Buch verficht. Geschäft, Geschwindigkeit, Arbeit an neuen Vorschlägen, dieser ganze Wahnsinn wurde zu dem, was mich ernährte. Nicht nur eine Person von gewisser Prominenz, sondern auch eine Arbeitssüchtige war geboren. Jetzt, zehn Jahre später, bekomme ich schließlich die Rechnung präsentiert.

Ein großer Laster überholt mich links, schleudert eine Wasserkaskade auf meine Windschutzscheibe, während ich das Steuer umklammere und abrupt in die Gegenwart zurückgerissen werde. Nachdem ich das Auto ebenso wie meine Nerven wieder unter Kontrolle habe, spüre ich, dass diese Reise etwas seltsam Vertrautes hat. Ich bin auf der Interstate 95 unterwegs nach Süden, irgendwo auf Rhode Island, folge in umgekehrter Richtung genau derselben Route, die ich vor zehn Jahren einschlug, als ich vor einer Ehe, die schal geworden war, und einem ausgebrannten Leben davonlief. Was für einen Unterschied ein Jahrzehnt ausmacht – oder doch nicht? Die Ehe ist gekittet worden, und mein Leben ist nicht mehr leer. Aber ich bin nicht weniger verwirrt, mein Leben ist nicht ausgeglichener, und ich gehe buchstäblich rückwärts – fahre in dieselbe Richtung, aus der ich fortgelaufen bin.

Ich sehe das Schild für meine Ausfahrt und biege vom Highway ab. Ganz automatisch verkrampft sich mein Magen wie vor jedem Auftritt. Schon oft habe ich mich gefragt, warum ich mich dauernd Situationen aussetze, die mich so verängstigen. Die Antwort ist leicht – um im Spiel zu bleiben und erneut das große Los zu ziehen.

Die kleine Stadt Madison in Connecticut – eines dieser Neuengland-Dörfer, in denen alle Häuser aus der Zeit um 1810 stammen und auf den Ladenschildern Wörter wie *Spirits, Mercantile* und *Medicinal* stehen – wirkt beruhigend auf meine Nerven. Am einen Ende des Dorfes gibt es einen Gemischtwarenladen und am anderen einen Billigladen, einen Five-and-Dime mit einer altmodischen Zapfanlage für Limonade. Direkt vor der Buchhandlung entdecke ich einen Parkplatz, nehme ihn und erblicke die Schaufensterdekoration mit einem Liegestuhl, Sonnenschirm, Sandhaufen, Muscheln und natürlich Stapeln meines Buches. Ich fahre mir mit der Bürste durchs Haar, lege Lippenstift auf, atme tief durch, schüttle meine schweren Gedanken ab und gehe zur Eingangstür.

Eine kleine Glocke ertönt, kündigt meinen Eintritt an, und eine Verkäuferin schenkt mir bereitwillig ein freundliches Lächeln. Zügig marschiere ich durch den Laden, achte kaum auf die freiliegenden Ziegelwände, die raumhohen Bücherregale aus Mahagoni und die antiken Tische voll mit den Herbst-

Neuerscheinungen. Ich möchte möglichst lange unauffällig bleiben, daher begebe ich mich in das Lesezimmer, wo ich mich in einem Polstersessel verstecken und meine Vortragsnotizen noch einmal durchlesen kann. Ich weiß, was ich sagen will – nur fürchte ich in solchen Momenten immer, ich könnte etwas vergessen.

Obwohl mir öffentliche Auftritte nie angenehm waren, treiben mich stets die Worte meiner Freundin und Mentorin Joan Erikson an. »Das Wichtigste ist, mit anderen das zu teilen, was du weißt. Sei generativ. Gib deine Erfahrung weiter. Nur so kannst du etwas bewirken.« Fünfzehn Minuten später entdeckt die Veranstalterin mein Versteck und führt mich in einen mit erwartungsvollen Frauen gefüllten Raum. Ich richte mich auf, straffe die Schultern und folge ihr.

Höflicher Applaus ertönt, als ich auf das Podium trete und meine Notizen auf dem Rednerpult ablege. Dann wird es unheimlich still im Raum, und ich blicke in die erwartungsvollen Gesichter, eines nach dem anderen, als könnte ich sie irgendwie zu mir heraufzuziehen, um mit ihnen die Verantwortung für die nächste Stunde zu teilen. In der Abgeschiedenheit meines Arbeitszimmers einen Satz zu formulieren, ist das eine, doch es ist etwas ganz anderes, mich in der Öffentlichkeit über diese Erfahrung zu verbreiten, und mich überkommt das Bedürfnis, den Frauen zu erzählen, dass ich nicht anders bin als sie. Auch ich bin voller Torheit und Widersprüchlichkeit, gehetzt vom häuslichen Leben und nicht immer so freundlich und optimistisch wie heute Abend. Mehr noch, meine Weisheiten stammen aus stundenlangen Gesprächen mit genauso normalen Frauen, wie sie es sind, die ebenfalls versuchen, mit ihrem Leben klarzukommen. Gerade als ich das Gefühl habe, dass mich die letzten vierundzwanzig Stunden wieder einholen, sehe ich sie: Denise, eine Frau aus einem meiner Workshops, die mir gesagt hatte, sie würde vielleicht kommen. Sie strahlt mich an, leuchtet regelrecht, obwohl sie eine hässliche

Scheidung hinter sich hat. Als ich ihren Blick auffange, nickt sie mir zu und schenkt mir genau die Ermutigung, die ich in diesem Moment brauche.

»Wer sind wir jenseits der Rollen, die wir spielen?«, frage ich das Publikum. »Das war die Frage, die ich mir vor Jahren gestellt habe, und ich nehme an, dass das heute Abend auch Ihre Frage ist.«

Während ich die Worte ausspreche, fühle ich mich seltsam von mir losgelöst, als hätte sich eine Schauspielerin meines Körpers bemächtigt und den Text – glücklich darüber, ihn auf der Bühne vortragen zu können – perfekt einstudiert. Unterdessen nickt Denise immer weiter, scheint alles bestätigen zu wollen, was ich sage. Bevor ich es recht begreife, habe ich die Hälfte meines Vortrags hinter mir. Schließlich blicke ich an Denise vorbei und sehe auch in den Augen der anderen Frauen Erkenntnis aufblitzen. Ich spüre Aufgeschlossenheit für meine Ausführungen und komme mir vor, als säße ich tatsächlich mit Freundinnen an meinen Küchentisch. Diese Kameradschaftlichkeit ist es, die mich weitermachen lässt. Genau darum geht es, um die Wechselwirkung. Daher fahre ich fort.

Die Analytikerin Jean Shinoda Bolen glaubte, wenn eine Frau am Scheideweg steht, würde die Heldin ihre eigenen Entscheidungen treffen wollen, während die Antiheldin sie lieber anderen überließe. Ich glaube, ich stehe hier vor einer Gruppe von Heldinnen – Frauen, die mündig geworden sind und keine Erlaubnis von anderen mehr brauchen, um sich weiterzuentwickeln. Im Gegenteil, wir wollen die Stränge unserer Erfahrungen bündeln und sie zu einem neuen und farbenfreudigeren Wandteppich verweben. Mögen Sie alle bereit sein, immer wieder von Neuem zu beginnen. Keine unter Ihnen kann wirklich wissen, was sie als Nächstes tun soll, wenn sie sich nicht vom Alltäglichen trennt, um ihren Geist neu anzufeuern.

Der Schlussapplaus ist eine Erleichterung. Diese Art Erregung in anderen zu wecken, ist unglaublich mitreißend. Vor Frauen zu sprechen, hat seine Vorzüge, denke ich, als ich zu einem Tisch und dem Bücherstapel gehe, den ich signieren werde.

Denise steht als Erste in der Schlange, und ich springe auf, um ihr für ihre Ermutigung zu danken.

»Ich danke dir«, flüstert sie, bevor ich etwas sagen kann. »Du warst perfekt – hast genau das gesagt, was ich heute Abend hören musste. Und deswegen habe ich eine Überraschung mitgebracht.«

Ich blicke sie fragend an und überlege, was es wohl sein mag. Sie dreht sich dramatisch um und ruft: »Ta-ta!«

Hinter einem Bücherregal kommen vier oder fünf Frauen hervor – eine Gruppe, die sich auf einem meiner Wochenend-Workshops kennengelernt hat und seitdem befreundet ist. Sie nennen sich die Salty Sisters. »Deine Motel-Reservierung haben wir storniert«, sagt Denise. »Wir übernachten in Leslies Strandhaus und haben bereits dein Bett gemacht.«

Ich zögere kurz, dann fällt mir der letzte Satz meines Vortrags ein: »Niemand unter Ihnen kann wirklich wissen, was sie als Nächstes tun soll, wenn sie sich nicht vom Alltäglichen trennt, um ihren Geist neu anzufeuern.«

»Warum nicht?«, antworte ich lachend. »Wird Zeit, dass ich mal etwas Spontanes mache. Außerdem ist es laut dem verstorbenen Theologen William Sloan Coffin gelegentlich ›gesegneter, zu nehmen als zu geben‹, zumindest erfordert das mehr Bescheidenheit.«

In der Gesellschaft von Frauen

Anfang Oktober

Bei einer echten Entdeckungsreise geht es nicht darum, neue Länder zu entdecken, sondern sie mit neuen Augen zu sehen.

Marcel Proust

Mehrere Stunden später fahren wir einen dunklen Feldweg entlang, übersät mit abgebrochenen Ästen, die der steife Nordostwind vom hundert Meter entfernten Meer hereinbläst. »Rennt«, weist Jeanie uns an, und wir flitzen vom Auto zur Hintertür eines kleinen Cottages, das hoch über dem Meer thront, folgen dem Geruch von Rauch und feuchten Blättern. Leslie, unsere Gastgeberin, hat die Buchhandlung früher verlassen, um das Feuer anzumachen. Als wir das Haus fast erreicht haben, schwingt die Fliegentür auf und wird fast aus den Angeln gerissen. Und dann sind wir drinnen, Wetterkerzen flackern, und der Couchtisch ist beladen mit allem möglichen Fingerfood – Artischockendip, geräucherter Lachs auf Pumpernickel, gemischte Nüsse, Salsa und Chips.

Ich hänge meine Jacke an einen Haken und betrachte die vorhanglosen Fenster, die nackten Balken und weiß getünchten Wände. Leslies Haus hat ein spartanisches Aussehen, das »Auszeit« signalisiert. Ein besonders geeigneter Rückzugsort für Frauen, da es hier weder Kissen zum Aufschütteln gibt noch Gästehandtücher, die man drapieren müsste.

Auf dem Kaminsims steht eine Karte mit einem Ausspruch von Henry David Thoreau: »Liebe dein Leben.« Sofort wird mir klar, dass diese Frauen genau das tun wollen, und sie gehen dafür zweifellos bis ins Extrem – sind von Texas und Michigan hergeflogen beziehungsweise von New York und New Jersey mit dem Auto gekommen, um sich hier etwa viermal im Jahr für ein Wochenende zu treffen. Für diese weit verstreut lebende Gruppe gibt es keine raschen und einfachen Möglichkeiten des Zusammentreffens.

Es erstaunt mich immer wieder, wie es Menschen gelingt, sich tatsächlich zu finden, wenn es ihnen bestimmt ist. Diese Frauen haben sich kennengelernt, als drei von ihnen, die sich zuvor noch nie begegnet waren, bei einem meiner Wochenend-Workshops zufällig zusammen auf einer Couch saßen. Zur Einführung erklärte jede der dreißig in dem kleinen Wohnzimmer versammelten Frauen, warum sie hier war. Leslie machte den Anfang und erzählte, nachdem die Kinder das Nest verlassen hatten, habe sie sich gefragt, was aus ihrer Ehe werden sollte. Sie beschrieb, dass sie sich allein mit ihrem Mann, ohne jede Ablenkung, allmählich immer unbehaglicher und sogar leicht panisch gefühlt habe. Plötzlich, sagte sie, habe sie gewusst, was es bedeutet, in der Falle zu sitzen. Leslie kamen die Tränen, und sie konnte nicht weitersprechen, aber Denise, die neben ihr saß, beendete Leslies Geschichte.

Auch Denise hatte mit ihrer Ehe zu kämpfen, und obwohl die beiden Frauen sich noch nie begegnet waren, schuf das Mitgefühl, das sie für Leslies Verwirrung und Qual empfand, eine unmittelbare Verbundenheit. Jeanie, die dritte Frau, kam aus einem schicken Detroiter Vorort, so einem, in dem das Abendessen immer um 18 Uhr 30 serviert wird und der Country Club nach wie vor weiße Kleidung auf dem Tennisplatz vorschreibt. Dass Leslie und Denise bereitwillig so offen ihre Gefühle zeigten, erleichterte sie zutiefst. »Ich habe mich auch verloren, und ich will mich wiederfinden«, brüllte Jeanie fast, als sie an der Reihe war. Die restlichen Frauen im Kreis applaudierten, und Leslie und Denise nahmen sie rasch in den Arm.

Die Offenheit zu Beginn dieses Workshops war einmalig, aber mir durchaus vertraut. Noch vor dem Ende des ersten Abends hatten sich Leslie, Denise und Jeanie mit Penny, Mindy und Kate zusammengetan. Diese gleich gesinnten Frauen empfanden die Ähnlichkeit ihrer emotionalen Kämpfe sogleich als Trost. Alle waren verwirrt, wütend und hatten Angst davor, eigene Schritte zu unternehmen. Sie fühlten sich zueinander hingezogen und saßen oft noch mitten in der Nacht zusammen, nachdem die anderen Teilnehmerinnen längst schliefen. Tagsüber hielt sich Leslie im Hintergrund, Denise weinte ständig, Jeanie blickte finster und abwehrend, Penny verzog keine Miene und blieb unnachgiebig, Mindy schien ein Geheimnis zu verbergen und Kate machte den Klassenclown, um ihren Schmerz zu übertünchen. Aber während ihrer Gespräche hinter verschlossenen Türen fanden sie den Beistand und die Unterstützung, nach denen sie sich sehnten. Kurz bevor sie Cape Cod verließen, gaben sie sich den Namen Salty Sisters und schworen sich, durch E-Mails und regelmäßige Zusammenkünfte in Kontakt zu bleiben. Sie bezogen mich zum großen Teil in ihren E-Mail-Austausch ein – rasche, morgendliche Aufmunterungen und Erinnerungen an ihren Kreis –, und ich habe das Ausmaß beobachten können, in dem diese Freundschaft jeder von ihnen geholfen hat, ihr Leben besser in den Griff zu bekommen. Die Verbindung zwischen diesen »Schwestern« ist etwas ganz Außergewöhnliches. Sie sind zu einer einzigen großen Übergangsgruppe geworden – zum Beistand füreinander –, haben sich einen Zufluchtsort geschaffen, an dem sie neue Ideen ausprobieren können, fern von gesellschaftlichem Urteil. Während ich sie von meinem Sessel aus beobachte, bin ich erstaunt, wie ermutigt sie alle wirken und wie wohl ich mich unter ihnen fühle. Sie sind zwar nur gute Bekannte, und doch habe ich das Gefühl, als wäre ich spät nach Hause gekommen und sie hätten das Abendessen für mich warm gehalten.

»Mensch, was für ein Vortrag!«, sagt Denise, nachdem sie mich gefragt hat, ob ich lieber ein Glas Weißwein oder Rotwein haben möchte. »Ich lerne jedes Mal etwas, wenn ich dir zuhöre.« Sie ist munterer, als ich sie in Erinnerung habe, und der Wandel ist erfrischend. Trotzdem gestehe ich ihr nicht, dass es ihr breites Lächeln war, das mich ermutigt hat, den

Vortrag zu halten, und lasse erst recht nicht durchblicken, dass ich wünschte, ich könnte mich selbst so inspirieren, wie mir das bei anderen gelingt.

Ich mache es mir auf dem Sessel bequem, ziehe eine Decke über meinen Schoß, trinke einen Schluck Merlot und genieße den Augenblick. Die anderen sind beschäftigt. Penny und Jeanie sind auf die verglaste Veranda gegangen, sie unterhalten sich flüsternd und betrachten das aufgewühlte Meer, dessen Wogen bedrohlich hochschwappen, so als würden sie gleich durch die Fenster hereinströmen. Leslie schneidet in ihrer winzigen und doch funktionalen Küche einen Schinken auf, während Denise, die Einzige mit Kindern im Teenageralter, am Handy offenbar ein häusliches Drama lösen muss. Ich höre, wie Mindy Kate berät, und ihre Worte lassen mein Herz schneller schlagen: »Warum unterschätzt du dich gerade jetzt? Du kannst alles tun, was du willst, wenn du es nur wirklich willst.«

Ideen und Einsichten fliegen hin und her wie ein Ping-Pong-Ball bei einem harten Match – die hektische Art der Kommunikation, die entsteht, wenn sich Freundinnen viel zu erzählen haben und wissen, dass ihre Zeit begrenzt ist. Ich kann gar nicht genug bekommen von ihrem Geplapper. Immer wieder bin ich erstaunt über die Leichtigkeit des Seins, die Lebensfreude, das Aufblühen, wenn Frauen endlich von allem befreit sind – von den Anrufen, dem Essenkochen, den endlosen Besorgungen und Listen. Ihre unkomplizierte Verbindung erinnert mich an eine Frauengruppe, die ich vor einiger Zeit in New York gegründet hatte. Wir trafen uns, um über Clarissa Pinkola Estés Buch *Die Wolfsfrau* zu diskutieren, und nannten uns die Wolfsweiber. Wir verbrachten unsere Abende damit, unsere Extreme zu hinterfragen und herauszufinden, warum wir alle so blockiert waren, versuchten persönliche Ziele aufzustellen, nachdem wir uns ein Leben lang um die Ziele anderer gekümmert hatten, wobei wir die ganze Zeit trotz unserer Tränen lachen mussten. Den Mond heulten wir zwar nicht an, aber wir benahmen uns wie wilde Frauen. Doch eine solche Kameradschaft habe ich seit Jahren nicht mehr empfunden. Ro, Susan und ich haben viele, viele Geheimnisse und Gefühle ausgetauscht und sogar ein paar verrückte Nächte miteinander verbracht, aber das geschieht viel zu selten und mit langen Pausen dazwischen. Sie sind damit beschäftigt, ihr schwer verdientes Ruhestandsleben zu gestalten, während ich immer noch arbeite. Vielleicht bin ich deshalb so erpicht darauf, in diesen Kreis hier einbezogen zu werden.

»Erzählt mir doch mal«, bitte ich Kate und Penny, die sich neben dem lodernden Kaminfeuer niedergelassen haben, »was alles passiert ist, seit ich euch das letzte Mal gesehen habe.«

»O je, ich weiß nicht, wie ich das beantworten soll! Man könnte vielleicht sagen, dass wir uns alle in unterschiedlichen Stadien der Trennung befinden – von Beziehungen, Jobs, Freundschaften«, erwidert Kate mit einem Lachen.

»Ja, Joan, an all diesen Veränderungen und Aufbrüchen bist du schuld«, stichelt Penny lächelnd. »Du bist diejenige, die immer davon redet, sich vom Vertrauten zu entfernen, um den Geist wiederzubeleben. Tja, wir haben deinen Rat wörtlich genommen.«

»Aber das ist gut so«, fügt Leslie hinzu. »Ich glaube, wir alle kommen jeden Tag viel glücklicher nach Hause.«

Inzwischen haben Mindy und Jeanie sich zu uns ans Feuer gesetzt. Alle haben sich niedergelassen, und die hektische Energie bei unserer Ankunft hat sich in ein tiefes Gefühl des Wohlbehagens verwandelt. Das Cottage ist warm und gemütlich.

»Wie war denn nun das Fest zum Hochzeitstag deiner Eltern, Leslie?«, fragt Jeanie.

»Sehr schön, vor allem war es anrührend zu sehen, wie

zärtlich sie nach all den Jahren immer noch miteinander umgehen«, antwortet sie und verstummt, obwohl sie anscheinend noch mehr zu sagen hat. Meiner Erinnerung nach ist Leslie jemand, die ihre Geheimnisse nicht leicht preisgibt und lieber jemand anderen im Mittelpunkt sieht. Aber jetzt blickt sie sich im Kreis um, vergewissert sich, die Aufmerksamkeit aller zu haben, offensichtlich bestrebt, noch mehr mitzuteilen.

»Was ist?«, fragt Kate. »Irgendwas stimmt doch nicht.«

Leslie holt Luft. »Es könnte nicht schlimmer sein«, fährt sie fort. »Ihr wisst, dass Steve in den letzten beiden Jahren kaum anwesend war? Tja, er hat nicht nur das Fest meiner Eltern verpasst, sondern sitzt auch dauernd am Computer, wenn er nicht bei der Arbeit ist. Er schläft sogar vor dem Monitor ein.«

»Na und? Das trifft sicher auf die meisten amerikanischen Männer zu, meint ihr nicht?«, fragt Kate mit ihrem üblichen Sarkasmus.

»Also, ich hatte allmählich den Verdacht, dass es eine andere Frau gibt. Aber er war nie lange genug fort, dass da etwas hätte sein können. Dann sah ich im Fernsehen eine Sendung über Männer und Internetpornografie.«

»Ach, komm schon, dafür ist Steve zu geradlinig«, sagt Penny.

»Sollte man meinen«, gibt Leslie zu und wird beherzter, während sie ihre Geschichte fortsetzt. »Ich habe eine Weile gebraucht, sein Passwort herauszufinden, aber es ist mir gelungen.«

»Und?«, fragt Kate, die jetzt auf dem Rand ihres Sessels sitzt.

»Bingo«, erwidert Leslie. »Unter seinen Lesezeichen war jede Pornoseite verzeichnet, die man sich denken kann. Mir wurde ganz schlecht.«

»Hast du mit deinem Therapeuten darüber gesprochen?«, fragt Jeanie.

»Nachdem ich Steve damit konfrontiert hatte, und er es nicht leugnen konnte, beschloss ich, direkt einen Anwalt aufzusuchen«, antwortet Leslie triumphierend und mit Tränen in den Augen.

»O mein Gott.« Penny beugt sich vor und nimmt Leslie in den Arm.

»Ist schon okay«, versichert Leslie ihr. »Als Steve mir erklärte, ich hätte ihn nie richtig geliebt, anders als die Frauen, die er online kennenlernte, hat es mir gereicht. Letztlich war es eine Erleichterung. Es gab nichts, was ich nicht getan hätte, um es ihm recht zu machen, doch es war alles vergeblich. Schluss mit den schwarzen Dessous – Schluss mit seinen Büropartys, bei denen ich freundliche Miene machen musste – Schluss mit den Verleugnungen.«

»Hoffentlich bist du nicht so scharf auf die Trennung, dass du dich finanziell über den Tisch ziehen lässt«, sagt Jeanie, die ihre eigene Scheidung bis ins Detail durchgeplant hatte und damit sehr gut gefahren war.

»Ich habe dir genau zugehört, wie du mit dem Thema umgegangen bist, Jeanie, und habe eine hervorragende Anwältin gefunden. Geld ist ein wichtiges Thema für mich. Wenn schon sonst nichts, war Steve ein guter Ernährer. Aber bisher ist er äußerst entgegenkommend.«

Leslies Geschichte ist nicht meine Geschichte, doch vieles davon kommt mir sehr vertraut vor. Ich weiß, instinktiv halte ich viel zu oft den Mund und passe mich an. Das geht mir bei Robin so, selbst nach vierzig Jahren Ehe, bei meiner Agentin und anderen Menschen, mit denen ich arbeite, ja, sogar bei Freundinnen wie Susan und Ro. In Wirklichkeit ist es erbärmlich, dass die meisten von uns nicht mehr Tatkraft haben oder Jahre beim Therapeuten zubringen, um eingefleischte Gewohnheiten abzulegen.

»Mir ist egal, was ihr sagt«, meint Jeanie, »aber sich aus einer Beziehung zu lösen, ist schwierig, vor allem, wenn man diejenige ist, die geht. Das war mein Problem. Jake konnte es nicht ertragen, vor irgendjemandem als Versager dazustehen. Wenn ich ihn nicht buchstäblich bei jedem Schritt mitgezogen hätte, dann hätte ich die Scheidung nie bekommen.«

Alle haben etwas zu dem Gespräch beizutragen, eine Anekdote über sich selbst oder einen freundlichen Ratschlag. Gerade als sich die Stimmung aufhellt und ein Witz oder zwei die Runde machen, rückt Mindy mit ihrer Neuigkeit heraus.

»Auch einen Geliebten aufzugeben, ist schwer. Vor allem, wenn er eine Ehefrau hat, zu der er zurückkehren kann, und man selbst hat nur eine leere Wohnung.« Sofort wenden sich alle Köpfe ihr zu.

»Das darf doch nicht wahr sein!«, ruft Kate und schaut verblüfft.

»Doch«, erwidert Mindy mit leichtem Triumph in der Stimme. »Das, was Penny bei unserem letzten Treffen über die Drogenprobleme ihres Sohnes erzählte, hat mir dabei geholfen, die Kurve zu kriegen. Plötzlich dämmerte mir, dass ich nicht verliebt war, sondern süchtig, süchtig nach den heimlichen Treffen und dem Bedürfnis, etwas zu gewinnen, was ich dummerweise für einen Preis hielt, weil er mir nicht von Anfang an gehörte. Also habe ich ihn vor mehreren Wochen versetzt und nicht mehr auf seine Anrufe reagiert.«

»Und ich dachte, ich mache euch mit jedem Kapitel meiner Familiensage fertig«, sagt Penny und greift nach Mindys Hand. »Ich bin so froh, dass mein Gejammer jemandem geholfen hat.«

Während ich den Frauen zuhöre, werde ich erneut daran erinnert, dass so viele unserer Hindernisse mit Beziehungen zu tun haben. Insbesondere Frauen scheinen Trost darin zu finden, in das Leben anderer Menschen eingebunden zu werden. Wir müssen darum kämpfen, an uns selbst festzuhalten, während wir andere mit unserer Liebe überschütten. An dieser Gruppe erkenne ich, dass sie ihre Freundschaft miteinander als Anker benutzen. Heute Abend haben sie sich nicht nur gegenseitig getröstet und aufgemuntert, sondern auch einen sicheren Ort bereitgestellt, an dem sie über all die Kämpfe diskutieren können, die sie durchmachen. Mir ist schmerzlich bewusst, dass diese Salty Sisters – die alle meinem Rat gefolgt sind und sich von einem Leben abgewandt haben, das ausschließlich im Dienste anderer stand – mich zumindest auf eine entscheidende Weise überholt haben: Sie sind Teil eines Freundinnenkreises, der ihre Seelen nährt, ihren Geist belebt und ihnen ein Gefühl der Ausgeglichenheit vermittelt.

»Jeder lehre den anderen«, murmele ich.

»Wie bitte? Wo stammt das denn her?«, fragt Kate.

»Von Albert Schweitzer, einem Arzt, der in Afrika arbeitete. Das zitiere ich immer, wenn ich mit mir unzufrieden bin und weiß, dass keiner von uns es allein schaffen kann. Das ist es, was ihr füreinander tut, und es ist wunderbar, das zu beobachten.«

»Du bist unzufrieden mit dir?«, fragt Kate erstaunt.

»Von Zeit zu Zeit. In letzter Zeit immer öfter«, gestehe ich. »Ich habe viele Kompromisse geschlossen, um dort zu sein, wo ich bin – ich nenne das ›falsche Reisen‹, wenn ich eine Abkürzung wählte, um schnelles Geld zu verdienen oder sofortige Berühmtheit zu erlangen. Hinterher begriff ich, dass ich meine Prinzipien aufs Spiel gesetzt hatte. Nicht, dass ich mich von anderen Frauen unterscheide. Die meisten von uns sind von Zeit zu Zeit verzweifelt genug, um sozusagen ihr ureigenes Selbst zu betrügen. Meint ihr nicht?«

Ich blicke mich um und sehe viel zustimmendes Nicken. »Jedenfalls bin ich so herumgehetzt, dass ich weit von der Richtung abkam, in die ich eigentlich wollte.«

»Ich glaube, du gehst zu hart mit dir ins Gericht«, sagt Mindy. »An meinem Kühlschrank klebt ein Spruch aus einem deiner Bücher. Darin zitierst du Joan Erikson: ›Man muss buchstäblich bereit sein, immer von Neuem zu beginnen …

Energie entsteht durch die Spannung, den Kampf. Zug und Schub sind alles.‹«

Ihre Bestätigung besänftigt mich und bestärkt mich vorerst darin, dass ich nicht auf ewig feststecken werde. Für einen Moment hebt sich das Gewicht meiner Bürde.

Rundherum wird gegähnt. Der Abend scheint zu Ende zu gehen. Ich möchte ihn zu einem guten Abschluss bringen.

»Stoßen wir darauf an, dass keine von uns aufhört«, sage ich und hebe mein Glas in Bewunderung ihrer Beharrlichkeit, ihres Durchhaltevermögens und der simplen Freude, in ihren Kreis einbezogen zu sein. »Möge unsere Reise weitergehen.«

Diese Frauen haben mir eine Ruhepause geschenkt und ein Gefühl der Ermutigung, mein Leben neu in Angriff zu nehmen. Ich fühle ihre tröstenden Arme noch um mich, als ich in den Schlaf sinke.

Am nächsten Morgen werde ich früh wach und schleiche auf Zehenspitzen ins Wohnzimmer. Ich staune, wie weit sich das Meer bei Ebbe vom breiten Strand zum Horizont zurückzieht. Zu dieser frühen Stunde ist alles schiefergrau, Sand und Himmel, eine neutrale Szenerie, nackt wie die frisch aufgezogene Leinwand eines Malers. Um mich herum liegen überall Schlafende, ausgestreckt auf Couchen oder Luftmatratzen. Ich gehe nach oben, um mich von Leslie zu verabschieden, hole meinen Mantel und die Tasche und schlüpfe leise aus der Hintertür.

Der gestrige Sturm hat die Bäume entblättert und klare Sicht auf den Himmel geschaffen – eine karge und dabei wunderbar reine Szenerie. Die Japaner legen großen Wert auf zufällige Begegnungen, und seit dem gestrigen Abend verstehe ich, warum. Dieses kurze Zwischenspiel mit Frauen, mit denen ich nicht mal eng befreundet bin, hat meine müden Lebensgeister gründlich geweckt. Die alten Griechen glaubten, dass Freunde nur durch beständigen Dialog und ehrliche

Anteilnahme gemeinsam eine höhere Ebene der Wahrheit erreichen können. Nach dem Fest am gestrigen Abend bin ich noch überzeugter davon, dass alle Frauen eine Art Schwesternschaft brauchen.

Ich habe auch etwas über mich gelernt, während ich diesen Frauen zuhörte. Wenn ich ganz ehrlich mit mir bin, muss ich zugeben, dass die Forderungen, die vermeintlich von außen auf mich zukommen, tatsächlich von dem nach wie vor unvollendeten Teil meiner selbst stammen – Zug und Schub entstehen aus meiner eigenen Mehrdeutigkeit. Susan und Ro haben recht. Meistens bin ich mir selbst der schlimmste Feind, hartnäckig verfolgt von meinem Perfektionismus, meinen Schuldgefühlen und dem Bedürfnis, allen gerecht zu werden. Vielleicht muss ich nicht dauernd den Berggipfel erklimmen. Die halbe Höhe reicht auch. Eine meiner Freundinnen hat vor Kurzem den Kilimandscharo bestiegen, und ihr Führer riet ihr, nicht zu versessen darauf zu sein, den Gipfel zu erreichen. »Der Berg wird Ihnen sagen, wann Sie weit genug gekommen sind«, sagte er. Tatsächlich begann ihre Nase nach einem Dreiviertel des Weges zu bluten, und das Atmen fiel ihr schwer. Offensichtlich war sie so weit gekommen, wie es ihr möglich war. Habe auch ich meine Grenze erreicht, zumindest vorläufig?

Da ich meine falschen Reisen erwähnt und eingestanden habe, glaube ich es. Mehr denn je stelle ich die Triftigkeit all dieser Gewissenserforschung infrage. Zuerst waren meine Bemühungen aufrichtig, und ich habe die diversen Reisen in bester Absicht begonnen. Mir mangelte es nur an Grenzen, und dann glitt mir alles aus der Hand. Was ja kein Verbrechen ist. Trotzdem, all die Warnsignale, die ich in letzter Zeit erhalten habe, deuten darauf hin, dass ich die Richtung ändern oder weitere Konsequenzen tragen muss. Neue Vorsätze zu fassen (und mich daran zu halten) wäre ein Anfang – mir ein Büro außer Haus zu suchen, damit meine Zeit von jenen, die mich gern unterbrechen, eher respektiert wird, längere Strandspaziergänge zu machen, vielleicht sogar für das Radrennen von einer Spitze des Capes zum anderen zu trainieren. »An sich selbst zu glauben ist nicht alles«, würde Joan Erikson sagen, »aber man kann nur etwas ändern, indem man etwas tut.«

Mit neuer Entschlossenheit schlage ich aufs Lenkrad und feuere mich an, fahre ein wenig zu schnell über den Highway, aber wen kümmert das auf dieser leeren Straße und so früh am Morgen? Ich öffne das Fenster und lasse mir von der kühlen Herbstluft das Haar in alle Richtungen wehen. Einen Moment lang fühle ich mich so beschwingt wie Thelma und Louise, nur ohne deren Todeswunsch. Völlig vertieft in meine eigene verrückte Welt, sause ich durch eine Unterführung und bemerke dann den Wagen des Polizisten, der hinter einem Busch lauert. Ich nehme den Fuß vom Gas und bete darum, dass er nur Kaffeepause macht. Aber Sekunden später höre ich die unverkennbare Sirene, sehe das Blinklicht im Rückspiegel und biege widerstrebend auf die Standspur ab. Er kommt zu meinem kleinen Camry gestiefelt und verlangt ohne Vorrede meinen Führerschein und die Fahrzeugpapiere.

Ich reiche ihm beides. Sein Blick schießt von meinem Foto zu meinem Gesicht und zurück. »Bin gleich wieder da«, sagt er barsch und marschiert davon. Ich lehne mich zurück und beschimpfe mich dafür, so gerast zu sein. »Kleiner Mann/ (in Eile/voll wichtiger Sorgen)/ halt an, vergiss, entspanne dich«, schrieb E. E. Cummings, offenbar nur für mich.

Okay. Okay! Ich bin erwischt worden, schon wieder. Ich überlege, wie viel es mich kosten wird. Ich schaue auf die Uhr – 7 Uhr 30. Ich sitze hier bereits seit zehn Minuten. Warum dauert das so lange? Ich blicke in den Rückspiegel und sehe, dass der Mann telefoniert. Na toll! Ich wette, ich habe vergessen, meinen Führerschein zu verlängern oder irgend so etwas. Dafür stecken sie einen ins Gefängnis – das ist meinem Sohn vor mehreren Jahren auf einer seiner nächtlichen Fahrten nach

Cape Cod passiert. Ich atme mehrmals tief durch und summe den Song von Simon & Garfunkel über das Gaswegnehmen, bis der Polizist schließlich an mein Fenster klopft.

»Diesmal sind Sie noch davongekommen«, sagt er, während ich insgeheim seufze. »Ich gebe Ihnen nur eine Verwarnung, weil Sie außerhalb Ihres Bundesstaats sind. Aber wir haben Sie in unserer EDV erfasst. Heute wird wunderschönes Wetter, Lady. Warum fahren Sie nicht ein bisschen langsamer und genießen die guten Seiten des Lebens?« Und mit diesem ungebetenen Ratschlag stiefelt er davon. Ich atme erleichtert auf, biege von der Standspur zurück auf den Highway, beschleunige, aber nur auf fünfundsechzig Meilen, die ich nicht zu überschreiten gedenke, bis ich sicher zu Hause gelandet bin.

Ich überlege, was die Frauen dort in Connecticut jetzt wohl machen oder ob sie überhaupt schon wach sind. Sie hatten verschiedene Pläne für den Tag, einschließlich einer Schreibübung, die ich angeregt hatte: nämlich ihren Nachruf zu verfassen, um das Ende der ersten Hälfte ihres Lebens zu markieren. Sie sollten aufführen, zu wem sie in Beziehung standen, was sie erreicht und welche Leidenschaften und Hobbys sie hatten. Es geht darum, Rechenschaft über die bisher vergangene Zeit abzulegen, sie somit zu markieren, ihre Bedeutung zu erkennen und sich von dem zu verabschieden, was sie waren, um das auf die Welt zu bringen, was sie noch werden könnten. Ich sinne darüber nach, was ich wohl über mich zu sagen hätte.

Joan Anderson, 1943 – 2006: Als Tochter eines Angestellten einer Ölfirma verbrachte sie ihre Kindheit damit, im Nordosten der Vereinigten Staaten von Ort zu Ort zu ziehen und dabei die Kunst der Anpassung zu lernen – sich zu einer Person zu entwickeln, die sich in jeder neuen Situation einzurichten vermochte. Sie wurde auf ein Frauencollege geschickt, wo sie sich weigerte,

Bridge zu spielen, zu rauchen und einen Ehemann zu finden. Nach zwei Jahren wechselte sie auf die Schauspielschule von Yale, wo sie sich oft in den Figuren verlor, die sie darstellte, da sie es leichter fand, eine andere zu sein als sie selbst. Sie lernte einen Schauspielkollegen kennen, und sie spürten, dass sie ohne einander nicht leben konnten. Eine Theaterkarriere würde jedoch leider kein Essen auf den Tisch bringen, daher brannten die beiden Liebenden, Kinder der Kennedy-Ära, nach Ostafrika durch, um drei Jahre lang im Busch zu arbeiten. Nach der Rückkehr in die Staaten konzentrierte sie sich auf die Karriere ihres Mannes und die Gründung einer Familie. Die nächsten fünfundzwanzig Jahre verbrachte sie damit, den häuslichen Herd nicht erkalten zu lassen und Schulgelder aufzutreiben. Aber all diese Tätigkeiten für andere forderten schließlich ihren Tribut, und sie lief von zu Hause fort, als sich der für die restliche Familie geeignete Moment ergab. Ihre größte Erleuchtung während ihres Jahres am Meer wurde zu einer eindringlichen Botschaft an die Frauen weltweit – dass wir alle so unvollendet sind, wie die Uferlinie am Strand.

Bei dem Gedanken an meine Sterblichkeit muss ich laut lachen, dann überkommt mich eine plötzliche Dankbarkeit, dass, so Gott will, noch genügend Zeit bleibt, um zusätzliche Reife zu erlangen. Jemand fragte Robert Frost gegen Ende seines Lebens, ob er Hoffnung für die Zukunft habe; seine Antwort berührte mich so, dass ich sie mir gemerkt habe: »Ja«, erwiderte er, »und sogar für die Vergangenheit ... dass sie sich als etwas erweisen wird, das insgesamt in Ordnung war – etwas, das ich akzeptieren kann – Fehler, die von dem Selbst gemacht wurden, das ich zu sein hatte oder nicht sein konnte.«

Keine Frage, das Leben ist eine ständige Metamorphose, vor allem für uns Frauen, da unser Leben teilweise von den sich verändernden Kräften unseres Körpers beherrscht wird.

Clarissa Pinkola Estés vertritt die Meinung, dass alle Frauen im Rhythmus von sieben Jahren Stadien durchmachen, die uns emotional, spirituell und körperlich verändern. In den ersten sieben Jahren sind wir von Staunen erfüllt. Von sieben bis vierzehn beginnt die hormonelle Aktivität, von vierzehn bis einundzwanzig entfaltet sich die Sexualität, von einundzwanzig bis achtundzwanzig haben wir den Wunsch, uns fortzupflanzen, und danach wird unsere Zeit aufgezehrt, indem wir andere bemuttern und uns selbst hintanstellen. Mit fünfunddreißig beginnen wir jedoch aufzuwachen und über derart begrenzte Erfahrungen hinauszuschauen, zwischen zweiundvierzig und neunundvierzig setzen die Wechseljahre ein. Von neunundvierzig bis sechsundfünfzig wünschen wir uns, ohne Regeln zu leben und fortzugehen, bis wir endlich die Chance haben, unseren Daseinsgrund zu finden. Erst danach werden wir wirklich, wer wir sind – werden wir zur »Wächterin«, wie ich sie nenne.

Während ich mir jetzt eine Wächterin vorstelle, sehe ich eine ehrwürdige Frau vor mir, vielleicht mit ergrautem Haar, deren Wissen aus der Zeit stammt, die sie in den Schützengräben des Lebens verbracht hat. Ihr Schritt ist bedächtig, und ihr Auftreten spricht Bände darüber, was es bedeutet, sowohl präsent als auch auf vitale Weise engagiert zu sein. Am wichtigsten ist, dass sie ihre Illusionen längst abgelegt hat und das akzeptiert, was sie für sich als wahr erkennt.

Ich lasse die Schultern sinken und entspanne mich. Dann greife ich zum Handy, um meinem Mann mitzuteilen, wann ich zu Hause ankommen werde. Es ist so leicht, mich denen zuzuwenden, die ich liebe, nachdem ich geistig und spirituell so erfrischt wurde! Eigentlich bedauernswert, wie wenig eine Frau braucht, um sich erneuert zu fühlen. Leider geht er nicht ans Telefon, also wähle ich die Nummer meiner Mutter. Wäre doch nett, unsere übliche Plauderei so früh am Morgen zu erledigen, doch auch sie nimmt nicht ab. Mit gleichmütigem

Schulterzucken gebe ich mich wieder dem Fahren hin und freue mich über die Möglichkeit, ein paar ruhige Stunden mit den ländlichen Ausblicken zu genießen, die Rhode Island zu bieten hat – Wiesen mit frisch aufgeschichteten Heuballen, grasende Kühe und die letzte Herbstfärbung der Wälder rechts und links der Straße. Frieden finde ich stets nur in der Natur.

Umweg

Anfang Oktober

*Ein guter Reisender hat keine festen Pläne
und ist nicht darauf erpicht, anzukommen.*

Lao-tse

»Hallo, Schatz, ich bin wieder zu Hause«, rufe ich, stelle meine Buchtasche und mein Gepäck im Flur ab und spähe ins Wohnzimmer, wo mein Mann immer sitzt. Aber sein Sessel ist leer. Ich versuche es erneut, rufe diesmal durch das kalte Treppenhaus hinauf. »Heh, Robin, ich bin's, deine Frau!« Noch immer keine Antwort. Zwar enttäuscht mich die fehlende Begrüßung, aber es überrascht mich nicht. Von sich aus würde Robin aus Kommen und Gehen nie etwas Besonderes machen. Ich bin diejenige, die gewöhnliche Tage in Feste verwandelt. Dieser Unterschied regte mich früher auf – ich fühlte mich übersehen oder nicht genügend gewürdigt. Wenigstens über diese Bedürfnisse bin ich hinaus. Ich gehe in die Küche, um mir eine Tasse Tee zu machen, und entdecke eine an den Küchenschrank gepinnte Nachricht.

Deine Mutter musste ins Krankenhaus. Ich bin nach Hyannis gefahren. Komm, sobald du kannst.

O mein Gott! Was ist denn jetzt los? Mein Herz beginnt zu hämmern, mein Magen verkrampft sich. Vor zweiunddreißig Stunden war sie noch ganz munter. Ich greife nach den Autoschlüsseln, laufe hinaus und versuche, die mögliche Ernsthaftigkeit dieses Notfalls kleinzureden. Schließlich hat meine Mutter uns mehr als eine Gelegenheit geboten, ihr Hinscheiden zu üben.

Sie wurde wegen eines Tumors in der Nebenschilddrüse operiert, bekam einen Herzschrittmacher eingesetzt und wurde mehrfach mit Blaulicht in die Notaufnahme transportiert, nachdem sie infolge von Unterzuckerung ohnmächtig geworden war. Sie hat sich jedes Mal erholt, manchmal so schnell, dass ich mich doch fragen muss, ob da nicht eine gewisse Dramatik im Spiel ist, als böten ihr diese Gesundheitskrisen eine Aufregung, die ihr in diesem Lebensstadium sonst versagt bleibt. Ich muss an die Reise nach Washington im letzten Jahr denken, zur Beerdigung meiner Tante. Wir hatten die Flugtickets gekauft, hatten für meine Mutter gepackt, für den Tür-zu-Tür-Transport zum Flugplatz und zu unserem Endziel gesorgt, und Robin und ich sollten sie begleiten. Sie schien ganz erpicht auf die Reise, wenn auch nur, um ihren Bruder wiederzusehen. Aber auf dem Weg zum Flugplatz wurde sie unruhig und bat bald darum, die Autofenster zu öffnen. »Mir geht es nicht gut, Joan«, verkündete sie, als wir den Flugplatz erreichten. Unsere Versuche, ihr zu helfen, schlugen fehl, und wir waren gezwungen, nach Hause zurückzukehren. Am nächsten Tag konnte sie sich nicht mehr daran erinnern. So ist das Leben mit alternden Eltern – in dem einen Moment sind sie voll da und im nächsten Moment nicht.

Trotzdem ist jeder Augenblick eine Warnung oder eine Vorahnung – eine scharfe Mahnung, dass einer davon der letzte sein wird. Also trete ich ein wenig fester aufs Gas und rase weiter. »Stirb nicht, Mommy, bitte stirb nicht.« All meine Wünsche, sie würde eines Tages einfach davonschlüpfen, haben sich jetzt in Panik verwandelt. Mir fällt eine Freundin ein, die ihre Mutter verloren hat und mir ans Herz legte, meine jedes Mal zu küssen, wenn ich sie sehe. »Vergiss auch nicht, an ihr zu riechen«, hatte sie hinzugefügt. Ich bedaure, das vor dieser letzten Reise nicht getan zu haben. Ich hatte es so eilig, von der Kritik aller wegzukommen, dass ich regelrecht geflohen bin.

Mit diesen wirren Gedanken biege ich auf den Parkplatz des Krankenhauses ein, stelle den Wagen in die erste freie Lücke und eile hinein, um meinen Mann zu suchen. »Wie geht es ihr?«, frage ich, ohne ihn auch nur zu umarmen oder Hallo zu sagen.

»Der Arzt ist jetzt bei ihr«, antwortet er rätselhaft.

»Was ist passiert?«

»Keine Ahnung. Ein Nachbar hat angerufen und gesagt, er habe sie auf dem Boden gefunden, wo sie sich vor Schmerzen krümmte. Ihr Bauch ist aufgebläht wie ein Basketball.«

»O Gott!«, keuche ich und habe Gewissensbisse, weil ich nicht entschiedener darauf bestanden habe, dass sie die Pflegerin behält, die ich für sie eingestellt hatte. »Was könnte denn die Ursache sein?«

»Wer weiß? Sie hat alle Untersuchungen abgelehnt, die dieser Gastrologe aus Boston angeordnet hatte – sie wollte dafür kein Geld ausgeben, erinnerst du dich?«, sagt er, wobei sich in seiner Stimme Sarkasmus mit Erbitterung mischt. »Hör zu, es hat keinen Zweck, zu spekulieren«, fährt er fort und führt mich in eine ruhige Ecke, weg von den anderen Leuten, die alle mehr oder weniger in Sorge sind. »Wir werden es schon bald erfahren. Entspann dich. Es ist nicht das erste Mal, dass wir hier sind, und bestimmt auch nicht das letzte Mal.«

Seine Erregung irritiert mich, obwohl ich sie in gewisser Weise verstehen kann. Ein Großteil entspringt der Freiheitsbeschränkung, die wir empfinden, weil wir uns um meine Mutter kümmern müssen. Wir hatten immer geplant, nach Robins Pensionierung größere Reisen zu unternehmen – zu kommen und zu gehen, wie es uns gefällt. Aber durch den zunehmenden gesundheitlichen Verfall meiner Mutter sind unsere Träume auf unbestimmte Zeit verschoben worden. Im Allgemeinen ist Robin kein Spielverderber. Er gibt den galanten Schwiegersohn, wenn meine Mutter zu uns zum Essen kommt, was immer häufiger geschieht, kümmert sich um ihre Finanzen und die Instandhaltung ihres Hauses, bezahlt das zusätzliche Hotelzimmer, wenn sie mit uns reist, und geht oft mit ihr ins Kino, wenn ich unterwegs bin. Aber in letzter Zeit ist er widerspenstiger geworden, schließt tagsüber die Haustür ab, für den Fall, dass sie unangekündigt vorbeischauen sollte. Jeder hat seine Grenzen, nehme ich an.

Also sitzen wir da und lassen die Zeit verstreichen, wir sind unfähig, etwas anderes zu tun als zu warten. Warten bedeutet loszulassen, die Kontrolle aufzugeben und, in diesem Fall, ein oder zwei Gebete zu sprechen, dass die Krise vorübergehen möge. Das Problem ist, dass ich nicht zur Ruhe kommen kann. Ich will unbedingt wissen, was hinter den Vorhängen und Türen geschieht, und ich fürchte mich vor der Diagnose. Aber um ehrlich zu sein, bin ich auch ein wenig frustriert. Kaum war ich bereit, den Rat meiner Freundinnen und der Familie anzunehmen und einen Gang runterzuschalten, gerate ich in eine weitere Umleitung. Zugegeben, meine Mutter könnte sterben! Da ist es nur richtig, dass alles zum Stillstand kommen sollte, aber ich will das Gefühl von Möglichkeiten und Hoffnung, das ich in Connecticut erlangt habe, auf keinen Fall verlieren.

Mehrere Stunden und viele Tassen Kaffee später kommt der Arzt zu uns. Er ist ein gut aussehender, älterer Mann mit freundlichem Gesicht. »Ihre Mutter wird wieder gesund«, sagt er. »Wir haben ihren Dickdarm entwirrt, was sicherlich den Stuhlgang behinderte, aber sie muss operiert werden. Ohne chirurgischen Eingriff wird das Problem wieder auftreten. Wir brauchen zwei Tage, um sie vorzubereiten«, fährt er fort. »Sie können jetzt zu ihr, wenn Sie wollen.«

Wir folgen ihm zu dem Raum, in dem meine Mutter zaghaft und etwas verängstigt auf einem schmalen Untersuchungstisch liegt, umgeben von Assistenzärzten und Krankenschwestern, die ihren Blutdruck messen und ihr diverse Infusionen legen. Ihre Gesichtshaut wirkt wie Pergament. Ich greife nach ihrer Hand und beuge mich hinunter, um ihr einen Kuss zu geben, und die Kraft ihres Griffes sagt mir, wie dankbar sie ist, dass wir hier sind. »Das wird schon wieder«,

sage ich und hoffe, damit alle Ängste zu beschwichtigen –
ihre und meine.

»Ich weiß, Liebes«, erwidert sie, »und was für ein netter
Arzt, findest du nicht auch? Sind dir seine Schuhe aufgefallen? Er trägt Clogs. Stell dir das vor!« Ihre albernen Bemerkungen schaffen vorübergehend Erleichterung, und Robin
und ich lachen. Als das geschäftige Pflegepersonal uns bittet,
in den Flur hinauszugehen, ergreift Robin die Gelegenheit,
sich zu verabschieden.

»Granny, du bist jetzt in guten Händen. Ich glaube, es ist
das Beste, wenn Joan und ich heimfahren«, sagt er zu meiner Mutter, ohne sich vorher auch nur mit mir abzusprechen.
»Wir kommen morgen früh wieder.« Ich weiß, dass er eine
Abneigung gegen Krankenhäuser hat und sein Verhalten oft
ungewollt ruppig ist, aber ich habe seit Langem das Gefühl,
dass ältere Menschen, vor allem wenn es die eigenen Eltern
sind, einen Fürsprecher verdienen und brauchen, wenn sie
sich in fremder Umgebung befinden. Meine Mutter so zu verlassen, bevor ihr ein Zimmer zugewiesen wurde, kommt mir
gefühllos, sogar grausam vor. Gleichwohl winkt er ihr zu und
fasst mich dann am Arm, um mich hinauszuführen. Sobald
wir den Parkplatz erreicht haben, spricht er als Erster. »Ist
dir aufgefallen, dass sie jedes Mal, wenn du fort bist, entweder bettlägerig wird oder ins Krankenhaus gebracht werden
muss? Kommt mir psychosomatisch bedingt vor, wenn du
mich fragst.«

Er ist kein schlechter Mensch, und ich weiß, dass er müde
ist, aber kann er nicht empfindsamer mit meinem Konflikt
umgehen? Ich wollte sie vor dem Nachhausefahren wenigstens zu ihrem Zimmer begleiten. »Damit willst du doch wohl
nicht andeuten, dass diese Krankheit nicht echt ist, oder? Eine
Neunzigjährige wird nicht einfach so aufgeschnitten.«

Zum Glück fahren wir mit getrennten Autos, daher wird
dieser kleine Streit nicht fortgeführt. Aber er schürt die Flam-

men des Kampfes, den ich mit mir selbst ausfechte. Jederzeit für meine Mutter erreichbar zu sein, wie ich es in den letzten zehn Jahren war, ist überaus ermüdend geworden. Es begann nach dem Tod meines Vaters, als ich irrtümlich dachte, ich könnte die Leere ausfüllen, die durch sein Hinscheiden entstanden war, und den Schmerz meiner Mutter lindern. Daher übernahm ich, als unsere Söhne ausgezogen waren, die Betreuung eines weiteren Kindes – meiner Mutter. Nachdem bei ihr allmählich verschiedene Körperfunktionen versagen, es handelt sich um Inkontinenz, Schwerhörigkeit, nachlassendes Sehvermögen und, am schlimmsten, drohende Senilität, hat diese Rolle neue Ausmaße angenommen.

Meine einst so schicke Mutter Tag für Tag anzuschauen, deprimiert mich. Ihre Haut ist grau geworden, ihre Augen trübe, ihr Haar verfilzt, ihr Gang unsicher. Die Frau, die immer farblich aufeinander abgestimmte Kleidung mit dazu passenden Schuhen und Schmuck trug, ist fast vollständig verschwunden, und an ihrer Stelle sehe ich eine alte Frau vor mir, die tagtäglich denselben Jogginganzug trägt und darauf wartet, von mir unterhalten zu werden. Ehrlich gesagt fällt es mir schwerer, mich um meine alternde Mutter zu kümmern als um meine ungestümen Enkelkinder, die zwar anstrengend sind, aber noch das ganze Leben vor sich haben und denen man gern zuschaut.

Trotz unserer Schwierigkeiten haben wir eine vertraute Beziehung. Sie selbst hat sich um ihre beiden Eltern sowie die Mutter und die Tante meines Vaters gekümmert. Ich muss wohl angenommen haben, keine andere Wahl zu haben, als dasselbe zu tun. Doch die meisten Frauen aus der Generation meiner Mutter waren nicht berufstätig, wie es bei mir und so vielen meiner Generation der Fall ist. Sehen Sie, ich bin genau da wieder gelandet, wo ich vor drei Tagen angefangen habe – überwältigt von meinem vollen Programm, verstrickt in familiäre Verpflichtungen.

Erst als ich Joan Erikson kennenlernte, begann ich zu begreifen, wie ausgeprägt mein Instinkt für Betreuung und Fürsorge ist. Wir verglichen unsere Stärken, als sie von sich aus sagte, meine Stärke sei das Mitgefühl. Natürlich fühlte ich mich äußerst geschmeichelt – wer möchte nicht als mitfühlend betrachtet werden? Joan fuhr fort, mir zu erklären, dass ich als Kind wohl oft geschauspielert hatte und deshalb darauf bedacht war herauszufinden, was sich im Leben anderer abspielte, damit ich mich besser mit ihnen identifizieren konnte. »Und daher«, teilte sie mir mit, »bist du als Erwachsene recht gut darauf eingestellt, dich tief in andere hineinzuversetzen. Es ist bemerkenswert, wie gut du die Misere älterer Menschen verstehst. Aber ich frage mich, meine Liebe, ob du nicht manchmal so viel für andere Menschen empfindest, dass dir das Gefühl für dich selbst abhanden kommt.«

Während die Jahre vergingen, wurde mir klar, welche Nemesis ich durch dieses starke Mitgefühl geschaffen habe, wodurch ich mich viel stärker als notwendig mit dem Leben anderer verwoben habe: Ich habe in ihnen ein Bedürfnis nach mir entstehen lassen, um das tun zu können, was ich am besten kann. Meine Mutter hat mich abhängig von sich gemacht, und jetzt habe ich sie abhängig von mir gemacht. Aber was soll ich dagegen unternehmen?

Mein Bruder hat schon vor Jahren klargestellt, dass er nicht die Absicht habe, für unsere Eltern zu sorgen. Bisher ist es ihm leichtgefallen, bei dieser Aussage zu bleiben. Schließlich ist er ein Mann und wohnt gute zweitausend Meilen entfernt in Utah. Er bildet sich gerne ein, seinen Beitrag zu leisten, weil er Mom jede Woche anruft, sie im Sommer besucht und ihr hin und wieder ein Päckchen schickt, aber die tägliche Betreuung bleibt an mir hängen. Nach jedem Notfall greift Robin seine Kampagne wieder auf, sie vom betreuten Wohnen zu überzeugen. Sie lehnt das natürlich ab, und ich muss zugeben, dass ich da keinen Druck gemacht habe. Die Vorstellung von meiner Mutter in so einer Einrichtung erscheint mir bisweilen, als hätte ich klein beigegeben und sie aufs Altenteil geschoben. Ich kann mich noch an das Magengrimmen erinnern, das mich jedes Mal überkam, wenn ich die Jungs in ein Ferienlager schickte und wusste, sie würden Heimweh haben. Doch der Keil, der sich zwischen Robin und mich schiebt, muss angesprochen werden. Als wir zuletzt über meine selbst auferlegte Rolle als Betreuerin gestritten haben, führte Robin ein interessantes Argument an. »Tabletten und Schrittmacher haben den natürlichen Lauf der Dinge verändert«, sagte er. »Ich würde gerne wissen, was wir dadurch gewinnen.«

Er hat recht. Dieses Spiel hat sich allmählich überholt, und wenn ich mich nicht mitten in einer Krise befinde, denke ich oft darüber nach, dass unsere Alten, einschließlich meiner Mutter, ihren Turnus gehabt haben – ein Leben mit Kindern, Enkeln und Urenkeln. Steht mir nicht dasselbe zu? Ich schäme mich zuzugeben, dass ich sogar darüber phantasiert habe, wie es wäre, Teil der Eskimo-Kultur zu sein, wo man alten Menschen, wenn es an der Zeit ist und sie ihre natürliche Lebenszeit überschritten haben, ein Iglu baut und sie allein lässt.

Ich erkenne jetzt, dass ich mich um meinen Turnus betrüge. Wenn ich nicht bald etwas unternehme, verpasse ich den richtigen Zeitpunkt. Die Uhr tickt. Wüssten wir den genauen Tag unseres Todes, würden wir dann anders leben? Die Augenblicke zu erkennen, sie wertzuschätzen, sie weise zu nutzen, ist genau das, was ich mir in dem allein verbrachten Jahr vorgenommen hatte. Wie finde ich zu diesen Vorsätzen zurück? Die Antwort liegt direkt vor mir – ergreife den Augenblick.

Auf der Heimfahrt halte ich bei meinem italienischen Lieblingshändler an und kaufe die Zutaten für eine Gemüse-Pasta ein – Paprika, Tomaten, Pilze, Knoblauch, Zucchini, frisch geriebenen Parmesan, einen großen Laib Brot und eine überteuerte Flasche Chianti. Vom Auto aus rufe ich Robin an.

»Hallo, ich bin's. Wie wär's heute Abend mit italienischem Essen?«

»Ich wollte dich zum Essen einladen, Liebling.«

»Also, ich würde lieber die Füße hochlegen und am Feuer sitzen. Ich war gerade bei Feretti und habe eingekauft.«

»Wenn dir das lieber ist, ist es mir auch lieber«, sagt er mit ungewöhnlich warmer Stimme.

Als ich zur Tür hereinkomme, hat er bereits das Feuer entfacht und sogar ein paar Kerzen angezündet. »Ich glaube, ich leide an einem Alte-Menschen-Burnout«, murmele ich, während ich meinen Kopf an seine Brust drücke.

»Gut zu hören«, sagte er und nimmt mir die Einkaufstüte aus der Hand. Ich lehne mich an die Arbeitsplatte und schaue ihm beim Auspacken zu.

»Was glaubst du, wann unser Leben wieder normal sein wird?«, frage ich. »Du weißt schon, nicht außergewöhnlich, nicht inspirierend, einfach nur normal.«

»Was ist normal?«, gibt er zurück. »Wir müssen uns mit dem abfinden, was uns zugeteilt wurde.«

Wie gewöhnlich ist seine Antwort kurz und direkt, und mir bleibt nur übrig, über seine Gedanken nachzusinnen.

»Was ist das?«, frage ich, als mir ein Buch ins Auge sticht, das sehr auffällig auf der Arbeitsplatte platziert ist: *Erhöhtes Krankheitsrisiko bei Betreuern*, ein bedrohlicher Titel, gelinde gesagt.

»Bringt unsere momentane Situation auf den Punkt, findest du nicht?«, fragt Robin und reicht mir ein Glas Wein. »Wir brauchen heute Abend nicht darüber zu reden, aber es enthält ein paar erschreckende Statistiken, die dich aufrütteln könnten, was deine Mutter betrifft. Hör zu, Joan, ich möchte nicht zu hart mit dir ins Gericht gehen – du hast dein Herz am rechten Fleck und außerdem hast du dich viele Jahre um meine Eltern gekümmert. Mir kommt es nur so vor, als würde es kein Ende nehmen.«

»Ich weiß«, erwidere ich, während ich mir die Schürze um-
binde und Gemüse zu schneiden beginne. Das Leben entfaltet sich gewiss nicht auf vorhersehbare Weise – es verläuft
in Windungen und Serpentinen. Und mein Leben kann nicht
aufhören, nur weil meine Mutter krank ist. Ich kann und
werde ihre Fürsprecherin sein, muss aber mitfühlend mit mir
selbst bleiben. Alles hat einen Gegenpol – jedes Ziel einen
Verlust, jede Ernennung eine Ablösung, jede Jahreszeit eine
vergangene. Nichts hört einfach auf. Aber heute Abend bin
ich entschlossen, das Steuer an mich zu reißen und einen Weg
meiner eigenen Wahl einzuschlagen. Ein fast leeres Haus hat
etwas Erregendes.

Vorsichtige Weiterfahrt

Anfang Dezember

Reisen bedeutet nicht nur, Neues zu sehen,
sondern auch etwas zurückzulassen.
Nicht nur Türen zu öffnen, sondern sie auch
zu schließen und nie zurückzukehren.
Doch kann man den Ort, den man für immer verlassen hat,
immer noch sehen, wenn man die Augen schließt.

Jan Myrdal

»O du fröhliche«, heißt es in einem bekannten Weihnachts-
lied, doch mir ist überhaupt nicht festlich zu Mute. Ich habe
mir größte Mühe gegeben, mir einzureden, dass es keine Rolle spielt, ob die Familie Weihnachten zusammen ist, aber es
ist einfach immer noch wichtig. Die Rekonvaleszenz meiner
Mutter nach ihrer Operation hat uns davon abgehalten, über
die Feiertage einen unserer Söhne zu besuchen. Sie ist zwar
wieder zu Hause und hat Hilfe, ist aber noch nicht vollständig genesen. Ich könnte sie dieses Weihnachten nicht mit gu-
tem Gewissen alleine lassen.

Neulich packte ich einen Karton mit Weihnachtsbüchern
aus, die wir jedes Jahr herausholen, und blätterte in meinem
Lieblingsbuch *Why the Chimes Rang (Warum die Glocken
läuteten)*. Das ist zwar ein Bilderbuch für Kinder, verkündet
jedoch die Botschaft, die ich hören wollte – eine Geschichte
von zwei Brüdern, die am Heiligabend auf dem Weg zur Kirche eine alte Frau finden, die in den Schnee gestürzt ist. Der
ältere Bruder fühlt sich genötigt, bei ihr zu bleiben und sie zu
trösten, doch er schickt seinen Bruder mit einem Beutel Mün-
zen, die sie gespart haben, weiter zum Gottesdienst, in der
Hoffnung, dass ihre Gabe für das Jesuskind die Glocken zum
Läuten bringt – was seit Jahren nicht mehr geschehen ist.

Doch als der Junge die Kirchenstufen erreicht, ist der Gottesdienst bereits beendet und die Glocken schweigen. Trotzdem tritt der Junge an den Altar, kniet nieder und legt seine
kleine Gabe neben die viel prachtvolleren aus Gold oder Juwelen und kostbare Kunstwerke. Dabei verstummt die Orgel,
und alle in der Kirche Versammelten lauschen verblüfft dem

unerwarteten Klang – zuerst ein sanftes Klingeln, dann ein kräftigeres, dröhnendes Läuten, als die riesigen Glocken die Kathedrale mit ihrer herrlichen Melodie erfüllen. Noch einmal läuten die Glocken, und das nur wegen der bescheidenen, aber entschlossenen Gabe der beiden kleinen Jungen.

Ich schloss das Buch und wusste, wohin ich an diesem Weihnachtsfest gehörte. Trotz aller Oberflächlichkeit, all des Rummels, der Sentimentalität und fröhlichen Stimmung ist Weihnachten eine Zeit der Selbstlosigkeit. Meine Mutter hat in diesem Jahr unsere Gesellschaft verdient – es wird andere Jahre mit Kindern und Enkelkindern geben. Diesmal muss ich daran glauben, dass die Pakete angekommen sind und unsere Gaben die Glocken in den Herzen unserer Enkelkinder zum Läuten bringen werden.

Ich muss zugeben, dass ich insgeheim erleichtert bin, in dieser hektischen Jahreszeit nicht den langen Flug unternehmen zu müssen, nur um mich dann als Gast zu fühlen, der in die Feierlichkeiten anderer hereingeplatzt ist. Zahllose Weihnachtsfeste haben wir damit verbracht, uns den übervollen Zeitplänen der Kinder anzupassen, teure, sorgsam ausgewählte Geschenke quer durchs Land zu schleppen, das Herstellen von Pfefferkuchenhäusern zu überwachen oder Popcorn aufzufädeln, nur um einen Einfluss darauf zu haben, wie unsere Enkelkinder dieses Fest empfinden. In Wahrheit hatte ich dabei meist das Gefühl, meine Anstrengungen zu übertreiben. Dann wieder fühlte ich mich, als spielte ich Twister und hätte Füße und Hände auf unterschiedlichen Kreisen platziert. Außerdem herrscht bei unseren Familienzusammenkünften für gewöhnlich mehr Spannung als Freude; diesmal wird es wenigstens friedvoll sein. Ich tue genau das, was mir die Ärztin vor einigen Monaten geraten hat – schalte freiwillig ab, verzichte auf jeden Zeitplan, um ruhig zu werden.

Trotzdem fühle ich mich wie Scrooge aus dem Weihnachtsmärchen von Dickens, möchte alle um mich herum mit

»Humbug« anblaffen. Mal möchte ich das Haus schmücken, dann wieder habe ich überhaupt keine Lust dazu. Wir haben uns das Anzünden des Weihnachtsbaums im Ort angesehen, ich habe unsere selbst gebastelte Krippe ausgepackt, was mich beides die Kinder umso mehr vermissen ließ. Eines will ich aber auf keinen Fall absagen – das Kranzflechten, bei dem Freundinnen zusammenkommen und Wein trinken, während sie den Schmuck für ihre Haustüren basteln, eine Tradition, die ich nur für mich erschaffen habe.

Da die Sache heute stattfindet, hat Robin darauf bestanden, die Lichterkette an unserem Gartenzaun aufzuhängen. »Komm schon, Schatz, wir müssen wenigstens irgendwas Festliches machen«, sagt er und drängt mich, von der Couch aufzustehen und die *New York Times* wegzulegen. Es sieht ihm gar nicht ähnlich, weihnachtliche Gefühle anzuregen. Vielleicht spürt er die Leere des Nests genauso wie ich.

»Weißt du, es ist ganz natürlich, traurig zu sein«, sagt er beruhigend, während er den Arm um mich legt und wir zum Schuppen gehen, um die Lichterkette zu suchen. »Zwanzig Jahre lang haben wir Rituale geschaffen, ohne je daran zu denken, dass es irgendwann zu einem knirschenden Halt kommen würde. Wir wussten, dass wir die Kinder eines Tages mit anderen Familien teilen müssten, aber ich zumindest hätte mir nie träumen lassen, dass es das Ende aller großen weihnachtlichen Familienzusammenkünfte bedeuten würde. Zum Teufel, ich habe das Gefühl, als hätte sich die ganze Tradition einfach in Luft aufgelöst.«

Ich lächle und schmiege mich in seine Armbeuge. Er hat meinen Konflikt direkt auf den Punkt gebracht. Was war der Zweck all dieser jahrelangen Anstrengungen? Was hat überdauert? Und haben meine Mutter und die Mutter von Robin jemals das Gleiche empfunden, als wir unsere eigene Familientradition einführten?

Es war schon früh ersichtlich, dass unsere beiden Jungen

entschlossen waren, ein eigenes Leben zu führen, während sie hierhin und dorthin liefen – Mädchen, Träumen, Abenteuern nachjagten –, je weiter fort desto besser, schien es. »Weißt du, daran bist nur du schuld«, necke ich ihn, während wir die Lichterkette entwirren. »Du warst der Nomade, als du jung warst, und ich schätze, das hat auf unsere Söhne abgefärbt.«

Er lacht und wickelt einen Strang um den oberen Teil des Zauns.

»Ich musste daran denken, was Kahil Gilbran in *Der Prophet* geschrieben hat, dass ‹deine Kinder nicht deine Kinder sind. Sie sind die Söhne und Töchter der Sehnsucht des Lebens nach sich selbst.› Glaubst du, die Jungs wissen, wie sehr wir sie vermissen?«, frage ich.

»Um die Wahrheit zu sagen, ich glaube nicht, dass sie Zeit haben, darüber nachzudenken. Außerdem sind beide mit starken Frauen verheiratet, die dir ähneln.« Seine Bemerkung versetzt mir einen Stich, auch wenn ich begreife, dass sie zutrifft.

»Dieses Geschwätz, man verliere keinen Sohn, sondern gewinne eine Tochter dazu, ist Schwachsinn, absoluter Schwachsinn«, verkünde ich. »Die Beziehung zu verheirateten Söhnen kommt mir wie eine einvernehmliche Scheidung vor, wenn du mich fragst.«

»Findest du das nicht etwas übertrieben?«

»Nein, ich finde, das trifft es genau – zumindest im Moment. Ich habe mir mein Leben nie ohne eine Beziehung des Gebens und Nehmens mit jedem meiner Kinder vorgestellt, und ich kann mich nicht erinnern, wann ich das letzte Mal auch nur einen Augenblick mit einem von ihnen allein verbracht hätte. Neulich habe ich mich bei einer Freundin beschwert, dass Andy nicht tot ist, sondern bloß verheiratet.«

»Nun mach mal halblang, Joan, sie rufen schließlich an.«

»Sie rufen *dich* an, wenn sie ein Problem haben oder Geld brauchen, mich aber nie. Ich bin die Frau, die nicht dazugehört, das steht außer Frage«, sage ich und winde die Lichterkette durch die Zaunlatten.

Ich weiß, dass das nicht ganz stimmt. Sobald die Worte aus dem Mund sind, überfällt mich eine lebhafte Erinnerung an meinen letzten Besuch in Kalifornien bei Andrew, unserem älteren Sohn, dirckt nach der Geburt seines dritten Sohnes. Ich war kaum ein paar Stunden in ihrem Haus, da konnte ich bereits die Anspannung spüren. Es ist das eine, die Triumphe und Freuden seiner Kinder zu beobachten, und etwas ganz anderes, an ihrer Qual teilzuhaben – wie bei einer Reality-Show im Fernsehen, die schief läuft. Als die Jungs klein waren, war es so leicht, ihre Kränkungen wegzuküssen und ihre Wunden zu verbinden. Aber jetzt schien Andy mit Verantwortung überlastet zu sein – nicht genug Geld, zu viel Arbeit –, und in einem schwachen Moment fragte er mich, was ich früher unternommen hätte, wenn etwas aus dem Ruder lief. Da ich nicht genau wusste, was er damit meinte, erwiderte ich vorsichtig: »Es durchgestanden.«

»Das ist nicht gerade hilfreich«, schoss er zurück.

»Tja, es ist die Härte, die es zu etwas Großartigem macht«, sagte ich lächelnd. »Wenn es bei einem deiner Marathons schwierig wird, was tust du dann mental, um nicht abbrechen zu müssen?« Das war eine riskante Analogie. Seit ein paar Jahren lief Andy Ultra-Marathons über Strecken von fünfzig und einhundert Meilen. Robin und ich hatten beide das Gefühl, dass die körperliche Anstrengung zu viel war, ganz zu schweigen von dem Druck, den das auf sein tägliches Leben ausübte. Mit zwei und nun drei Kindern, einer Ganztagsstelle als Rektor einer Privatschule und einer modernen Ehe, in der vom Ehemann erwartet wird, im Haushalt genauso viel zu tun wie die Ehefrau. Andy musste um halb fünf aufstehen, um seine zehn Meilen zu laufen, anschließend half er die Kinder in die Schule zu bringen und dann arbeitete er den ganzen Tag. Die Wochenenden waren sogar noch schlimmer.

Samstags und sonntags dauerten seine Läufe manchmal sechs bis sieben Stunden. Aber er war sehr gut und eindeutig entschlossen, Erfolg zu haben. Mit einer Mischung aus Furcht und ungeheurem Stolz verfolgte ich jeden seiner Läufe aus der Ferne.

»Hör zu, in den letzten beiden Jahren war dein Leben eine regelrechte Achterbahnfahrt«, fuhr ich fort. »Du hast dich im ganzen Land beworben, bevor du diese Stelle angenommen hast. Du hast dein Haus in Phoenix verkauft, bist hierher nach Oakland gezogen, hast beschlossen zu mieten, weil du dir den Kauf nicht leisten konntest, und jetzt noch ein drittes Kind bekommen – Himmel noch mal, für wen hältst du dich, dass du nicht den einen oder anderen Kratzer abbekommst?« Ich sah ihm an, dass er erleichtert war. »Innehalten, dir Zeit nehmen, einfach nur da sein ist mein Rezept für dich in dieser Situation, Andy.«

»Ja, aber meine Frau hat gerade ein Kind bekommen.«

»Umso mehr Grund, ruhig zu werden – hier zu sein, aber dir Ruhe zu gönnen. Zu überlegen, was du hast, und nichts Neues anzunehmen. Gibt dir selbst die Zeit und den Raum, wieder zu Kräften zu kommen. Deine Frau braucht das von dir.«

»Ich werd's versuchen«, sagte er matt.

Bevor ich die Rückreise antrat, sagte ich zu ihm: »Vergiss nicht, Andy – kein Mensch ist eine Insel. Wir haben endlich wieder zu reden begonnen. Lass uns den Dialog fortsetzen. Das tut uns beiden gut. Und beantworte um Himmels willen meine E-Mails.«

»Weißt du, Mom, das werde ich vielleicht nicht tun.«

»Warum nicht?«

»Weil du zufällig einer der wenigen Menschen auf der Welt bist, den ich tatsächlich enttäuschen kann.« Ich wusste nicht recht, wie ich diese Bemerkung auffassen sollte. Obwohl sie bittersüß und sogar schockierend war, sagten wir uns wenigstens mal wieder die Wahrheit, wie damals, als er aufwuchs. Da er mein Erstgeborener war und auf gewisse Weise mein Seelengefährte, sehnte ich mich während dieser sentimentalsten aller Jahreszeiten vermutlich nach weiteren solcher intimen Momente.

»Heh, Schatz, du machst ja gar nicht mit«, sagt Robin und weckt mich aus meinen Träumereien.

»Entschuldige«, erwidere ich, kann mich aber nicht erinnern, wo wir in unserem Gespräch stehen geblieben sind oder was ich mit der Lichterkette anfangen soll. Für gewöhnlich helfe ich ihm nicht dabei, weil ich zu sehr mit Backen, Einkaufen oder Planen der Mahlzeiten beschäftigt bin. Ich glaube, wenn ich ehrlich bin, vermisse ich in diesem Jahr die heftige Energie und Aktivität am meisten. Ich war immer die Macherin des Weihnachtsfestes, und diesen Job habe ich nun verloren. Allerdings haben mir die Kinder auch schon bei unseren beiden letzten Weihnachtsbesuchen nicht viel zu tun gegeben. Ich kam mir abgeschoben vor.

»Ich sag dir, was ich dieses Jahr nicht vermissen werde«, unterbricht Robin meine Gedanken. »Auf einer gottverdammten Luftmatratze in irgendeinem Keller zu schlafen. Dafür bin ich allmählich zu alt.«

Ich kichere, nicht nur in Erinnerung daran, wie oft ich meinen ein Meter dreiundneunzig großen Mann nach einer auf dem Boden verbrachten Nacht dabei beobachtet habe, auf Händen und Knien mühsam seinen schmerzenden Körper aufzurichten, sondern wie er mich in die Realität zurückholt. Wonach sehne ich mich wirklich?, frage ich mich.

»Und mir wird bestimmt nicht fehlen, am Heiligen Abend für das Weihnachtsessen einzukaufen und dann auch noch alles zu bezahlen«, gebe ich zurück.

Unsere Familienzusammenkünfte mit den Kindern sind nie billig oder frei von irgendwelchen Traumata, und ich verbiege mich jedes Mal wie eine Brezel, um niemandem auf die

Füße zu treten. Bei Luke fangen die Probleme meist in der Küche an. Seiner Meinung nach bin ich kaum in der Lage, auch nur einen Salat zuzubereiten, ganz zu schweigen davon, die Spülmaschine einzuräumen oder den Müll in den richtigen Eimer zu werfen. Von Zeit zu Zeit nehme ich eine gewisse Verärgerung über mich wahr – die Enttäuschung, dass ich nicht voraussehen kann, wie er die Dinge gern hätte –, ob ich nun die Lebensmittel auspacke, mit seinen Kindern auf dem Boden spiele, sie auf ihren Autositzen anschnalle oder ihre Spielsachen vom Kinderzimmerboden aufräume.

Ich weiß nicht genau, wie er mich haben will. Vielleicht denkt er, nachdem er jetzt seine Selbstständigkeit erreicht hat, könne er mich zu dem machen, was ich für ihn nie war, und ich werde zu der Mutter, nach der er sich immer gesehnt hat. Oder es ist eine andere Version dessen, was Andy mir enthüllte – dass ich im Moment die Einzige bin, die er abwehren, ablehnen oder über die er sich aufregen kann. Für ihn ist es gefahrlos, sich darüber zu beschweren, wie ich den Salat mache oder Wäsche falte, weil er dadurch das labile Gleichgewicht nicht gefährdet, das er und seine Frau als junge Eltern daheim haben; außerdem weiß er aus Erfahrung, dass ich mich nicht wehren werde. Ich nehme an, darin versteckt sich irgendwo eine Auszeichnung.

Ein weiterer Vorteil, dieses Jahr auf die Besuche zu verzichten, besteht darin, dass ich mir keine Sorgen machen muss, mit den jungen Frauen aneinanderzugeraten. Den Tanz mit meinen Schwiegertöchtern zu lernen, war die schwierigste Anpassung, die ich seit der Heirat meiner Söhne leisten musste. Anscheinend ist es mir ohne jede Anstrengung gelungen, in jedes Fettnäpfchen zu treten. Ihnen Geschenke zu machen oder beim Umzug und mit den Kindern zu helfen, hat mir nicht geholfen, die erwarteten Pluspunkte zu erlangen. Der letzte Fauxpas passierte, als ich zu Luke fuhr, um ihnen nach der Geburt des zweiten Kindes zu helfen. Da sie gerade das Haus renovierten, machte ich mich sofort daran, einen sehr unordentlichen Keller aufzuräumen, wobei ich versehentlich ein paar nicht überreichte Weihnachtsgeschenke wegwarf. Wenngleich ich in bester Absicht gehandelt hatte, zog ich mir nichtsdestotrotz den Zorn meiner Schwiegertochter zu. Letztlich ging es nicht um die Geschenke – es ging darum, dass ich die Grenzen einer anderen Frau übertreten hatte: Es waren ihr Haus, ihre Sachen, sogar ihre Geheimnisse, die vielleicht im Keller verborgen waren – sie hatte mich nicht gebeten, ihn aufzuräumen. Sie ließ ihre Wut an Luke aus, wodurch er zwischen seine Frau und seine Mutter geriet. Am Ende meines Aufenthaltes schlich ich mich aus dem Haus und fand es schrecklich, dass mein Besuch Probleme verursacht hatte, statt zu dem erhofften Frieden zu führen.

»Eine echte Ausbildung dafür, Schwiegereltern beziehungsweise Mutter erwachsener Kinder zu sein, gibt es nicht, oder?«, frage ich Robin.

»Wahrscheinlich nicht«, erwidert er, jetzt mehr darauf konzentriert, seine momentane Aufgabe zu erledigen. »Wir brauchen noch eine weitere Verlängerungsschnur, dann können wir sie anmachen«, sagt er schließlich.

Ich laufe los und komme Minuten später zurück, bin tatsächlich aufgeregt. Die Jungs und ich haben das stets als Dads-Chevy-Chase-Moment* bezeichnet – wenn er die Schnur in die Steckdose steckt und voilà, das Wunder geschieht. Selbst ohne die Jungs ist die Vorfreude nicht anders. »Ta-ta-ta-ta!«, ruft er mit einer Verbeugung, als das Licht angeht und ich auf die Straße laufe, um mir alles anzusehen.

Kurz darauf biegt meine Freundin Geri wie auf ein Stichwort hin in die Einfahrt. Sie hat mir immer geholfen, das Grünzeug für das Kranzflechten zu sammeln, und dieses Jahr bildet da keine Ausnahme. Ob mit oder ohne Kinder, Weihnachten steht vor der Tür.

---

* Chevy Chase ist ein amerikanischer Komiker, Anm. d. Übers.

»Hallo, Liebes«, sagt sie, öffnet die Autotür und bedeutet mir einzusteigen. Ich greife nach meinem Plastikbeutel, der Schere und den Handschuhen, und wir fahren zu einer nahe gelegenen Wiese, wo Heidekraut, Hagebutten, Wacholderbeeren, Kiefern und Gagelsträucher in Mengen wachsen. »Ich liebe dieses Kranzflechten – bringt mich in genau die richtige Stimmung.«

»Fast alle werden kommen. Ich bin immer überrascht, dass sie die Zeit dazu finden. Der Dezember ist so hektisch«, sage ich.

»Aber wir nehmen uns die Zeit. Allein schon in dein Haus zu kommen und all das Grün zu riechen, das wir geschnitten haben, dazu die flackernden Kerzen, was Leckeres zu essen und ein Grog, ist pure Glückseligkeit. Das ist so ziemlich der beste Weihnachtsaugenblick für mich.«

In alten Zeiten ging es in dieser Jahreszeit nicht um Familienzusammenkünfte, sondern darum, der Dunkelheit nachzugeben, darüber nachzudenken, welche Samen man für die Zukunft einpflanzen wollte, und dann auszuruhen, dem Erdreich der Seele zu gestatten, brachzuliegen, bis es Zeit war, erneut zu keimen. Schade, dass wir, statt nach den Bräuchen der Vorfahren zu leben, Weihnachten in die geschäftigste und verrückteste Zeit des Jahres verwandelt haben.

»Wo seid ihr denn diesmal Weihnachten?«, will sie wissen. »Bei Luke oder bei Andy?«

»Bei keinem.«

»Wieso das denn?«, fragt sie verblüfft.

»Wegen meiner Mom. Sie ist auf dem Wege der Besserung, aber wir bringen es nicht über uns, sie Weihnachten allein zu lassen.«

»Das tut mir leid. Ist bestimmt schwer, so hin und her gerissen zu sein. Unser Bill zieht auch immer weiter fort, aber wir haben ja Jennifer noch hier in Boston. Darüber sollte ich mich wohl glücklich schätzen.«

»Ist dir klar, wie sehr ich dich darum beneide, Kinder in Fahrentfernung zu haben, wo du einfach reinschneien und wieder gehen kannst, ohne dich wirklich aufzudrängen?«, frage ich, während ich eine Plastiktüte mit leuchtend blauem Wacholder fülle. »Wenn wir sie besuchen, ist das immer so eine große Sache, vor allem für meine Schwiegertöchter, die tagelang ihr Haus in Ordnung bringen. Bis wir zur Tür hereinkommen, sind sie erschöpft.«

»Aber hast du das nicht auch getan? Sie sind eben bemüht, einen guten Eindruck zu machen.«

»Ich weiß, doch es bedeutet trotzdem, dass alles sehr förmlich abläuft. Das stört mich. Wann können wir endlich Freunde und Familie sein, in der all diese Formalitäten keine Rolle mehr spielen?«

»Tja, du weißt doch, dass das chinesische Schriftzeichen für Konflikt zwei Frauen unter einem Dach zeigt«, sagt sie. »Das hast du mir mal erzählt, und ich habe es nie vergessen.«

»Das trifft es genau, und doch hatte ich gehofft, inzwischen mit meinen Schwiegertöchtern darüber hinaus zu sein. Shelly ist vierzig und Susannah achtunddreißig. Ich habe kein Interesse daran, ihr Leben zu beurteilen – was ich auch nie tun würde, selbst wenn ich es könnte; ich möchte nur einen Platz darin haben.«

Wir befinden uns in einem Dickicht aus Hagebuttensträuchern, und ich schneide wie wild, während Geri die Tüte aufhält, damit ich die Zweige hineinfallen lassen kann. »Auf jeden Fall bin ich allmählich zu der Erkenntnis gelangt, dass ein Besuch bei den Kindern in normalen Zeiten – nicht zu Weihnachten oder anderen großen Ereignissen – ein natürlicheres Erlebnis ist.«

»In Zeiten mit weniger Anspannung bestimmt«, meint sie. »Weihnachten ist einfach so besetzt – alles läuft auf diesen einen großen Tag hinaus, an dem nichts schiefgehen darf.«

»Stimmt, aber letzte Woche kamen mir im Lebensmittel-laden die Tränen beim Anblick von Tierkeksen und Weih-nachtsbonbons, die am Weihnachtsmorgen immer in den am Kamin aufgehängten Socken der Jungs steckten.«

»Du musst die Königin der Tradition gewesen sein«, sagt Geri lachend. »Ich wette mit dir, dass wenigstens einer von ihnen Tierkekse in die Socken seiner Kinder stopft.«

Geri hat recht: Ich habe gedanklich zu lange bei dem ver-weilt, was sich verändert hat, statt bei dem, was gleich geblie-ben ist. Kein Feiertag vergeht ohne Anrufe von beiden Jungs mit der Bitte um ein Familienrezept, Anleitungen für das Ko-chen von Ostereiern oder die Frage, welche Farbe die Kerzen auf dem Adventskranz haben sollten. Erst letzte Woche hat Andy mich gebeten, ihm die Vorlage für das Pfefferkuchen-haus zu schicken. Wir sind zwar nicht persönlich dabei, aber viele unserer Traditionen und Rituale werden weiter gepflegt. Es würde mich nicht überraschen, wenn sowohl Andy als auch Luke ihre eigenen Chevy-Chase-Momente mit den Lich-terketten haben.

Unsere Tüten sind voll – diese Pilgerfahrt an einem feuch-ten und kühlen Tag hat meine Depression vertrieben, und ich vermute, dass meine Sehnsucht mehr Energie verschlingt als das tatsächliche Zusammensein mit den Kindern. Ich habe genug Zeit mit Wünschen und Besorgnis verbracht, statt ein-fach nur dankbar zu sein für das, was sie haben – und was demzufolge wir haben.

Ich gehe zu einer hohen Blautanne, die immer Hunder-te von Tannenzapfen unter den Zweigen hat. Als ich mich bücke, um meinen Korb zu füllen, entdecke ich ein äußerst kunstvolles Spinnennetz, das sich über zahllose Äste breitet, bedeckt mit Tautropfen, die in der späten Nachmittagssonne glitzern. Diese akribischen Schöpfungen erfüllen mich nicht nur mit Ehrfurcht, sondern erinnern mich heute auch an die Komplexität von Familien – wie klein und überschaubar wir einst waren. Nun ist das Netz durch Partnerinnen, Kinder, Schwiegereltern und weitere Verwandte viel komplizierter geworden. Trotzdem ist dieses kleine Wunderwerk vor mir der Balsam, den ich brauche, um meine weihnachtliche Stimmung zu heben. Ich bin vielleicht nicht in der Lage, die Ereignisse im Leben meiner Kinder zu sehen oder darauf Einfluss zu nehmen, aber ich weiß, dass wir alle miteinander verbunden sind, in unterschiedliche Richtungen versponnen, und doch Teil desselben prachtvollen Netzes.

Ein weiter Weg

Ende Dezember

Was wir Anfang nennen, ist oft das Ende,
und ein Ende machen heißt, etwas anzufangen.
Wir beginnen am Ende.

T. S. Eliot

In letzter Zeit habe ich zu viele unausgesprochene Enttäuschungen und Konflikte mit ins Bett genommen. Kein Wunder, dass ich von schlechten Träumen geplagt werde und oft mitten in der Nacht aufwache. Habe ich dann akzeptiert, dass es nichts nützt, mich schlaflos hin und her zu wälzen, stehe ich meist auf und hoffe, allein schon das Herumlaufen brächte mir Lösungen oder zumindest die Fähigkeit, meine Gedanken zu ordnen.

Es ist kurz vor Neujahr, und ich muss nach wie vor mein Schiff auf Kurs bringen. Immer noch habe ich das Gefühl, von einer Krise in die andere zu driften. Meine Mutter hat sich noch nicht vollkommen berappelt. Obwohl ich nicht direkt mit ihrer Pflege zu tun habe, verlässt sie sich auf meine täglichen Besuche ebenso wie auf die übliche Mutter-Tochter-Kameradschaft. Pläne für ihre Zukunft zu machen, ist weiterhin die Hauptquelle der Spannungen zwischen Robin und mir. Ohne Antworten und mit vielen Fragen schleiche ich hinunter in die Küche und setze den Kessel auf, um mir eine Tasse Ingwer-Zitronen-Tee zu machen. Während ich warte, bis das Wasser kocht, entdecke ich durch ein Oberlicht den fast vollen Mond. Ist das der Grund für meine Ruhelosigkeit? Ich vermute, die hat genauso viel, wenn nicht sogar mehr mit dem vergehenden Jahr zu tun. Ich bin eine dieser seltsamen Seelen, die an Silvester weinen, wenn die Uhr zwölf schlägt, doch in diesem Jahr trauere ich darum, dass das vergangene Jahr nur ein total verschwommener Fleck ist.

Ich nehme den Tee mit ins Wohnzimmer, mache es mir auf dem Fenstersitz bequem und lege mir eine Decke um die

Schultern. In einer Ecke ist das Wort »Atme« eingestickt. Das war ein Geschenk meiner Freundin Vicki, die ebenfalls wollte, dass ich es langsamer angehe. Als diese Decke nicht die gewünschte Wirkung erzielte, schenkte sie mir eine weitere mit dem eingestickten Wort »Frieden«. Dieser zweiten Decke lag eine Plakette bei, die jetzt in meinem Büro hängt: »Frieden … bedeutet nicht, an einem Ort zu sein, wo es weder Lärm noch Ärger oder harte Arbeit gibt. Es bedeutet, inmitten dieser Dinge zu stehen und im Herzen trotzdem ruhig zu sein.«

Bei dem Gedanken an Vicki muss ich lächeln. Sie nahm an einem meiner ersten Wochenendworkshops teil und erhielt ein paar Monate später klar und vernehmlich die Botschaft, ruhiger zu werden, nicht so sehr von mir, sondern durch eine schwerwiegende Diagnose. Sie hatte sich eine ernsthafte Lungenerkrankung zugezogen, und ihr Arzt teilte ihr mit, sie habe die Wahl zwischen Sprechen und Atmen. Sechs Monate lang blieb sie vollkommen stumm, redete mit niemandem und schränkte ihren Kontakt zu Menschen auf ein Minimum ein. Statt zu Papier und Stift zu greifen oder ein System von Gesten zu entwickeln, gab sich Vicki der Stille hin und wandte sich nach innen. Sie nutzte die Zeit, um über den Wahnsinn des Lebens zu reflektieren, und fand schließlich ein Mindestmaß an Gelassenheit.

Vor ihrer Erkrankung hatte sie sich selbst als arbeitssüchtig bezeichnet, ohne Gefühl für ihr Innenleben. Während des Wochenendkurses ging ich auf den Lebenszyklus ein, das von Joan und Erik Erikson entwickelte Stufenmodell, und sie behauptete prompt, die einzige Stärke, die sie besitze, sei Hoffnung – die erste Stärke, die man nach Meinung der Eriksons im Säuglingsalter erwirbt. Die anderen Stärken entwickeln sich, während wir die Lebensleiter erklimmen – Wille, Zielbewusstheit/Entschlossenheit, Kompetenz, Treue, Liebe, Fürsorge, Weisheit. Nicht nur die Verwirrung in Vickis Gesicht, sondern auch ihr Schmerz sind mir deutlich im Gedächtnis geblieben. Sie sah aus wie eine Frau, die sich aus ihrem eigenen Leben vollkommen ausgeschlossen fühlt. Obwohl sie einundfünfzig war, behauptete sie, keine einzige der anderen sieben Stärken zu besitzen. Während des restlichen Wochenendes fand ich sie immer wieder vor dem Lebenszyklus stehen, der in unserem Gruppenzimmer an der Wand hing.

		Erworbene Stärke
Säuglingsalter	Urvertrauen vs. Urmisstrauen	Hoffnung
Frühe Kindheit	Autonomie vs. Scham	Wille
Spielalter	Initiative vs. Schuldgefühl	Zielbewusstheit
Schulalter	Werksinn/Regsamkeit vs. Minderwertigkeitsgefühl	Kompetenz
Jugendalter	Identität vs. Identitätsdiffusion	Treue
Frühes Erwachsenenalter	Intimität vs. Isolierung	Liebe
Mittleres Erwachsenenalter	Generativität vs. Stagnation/Selbstabkapselung	Fürsorge
Hohes Erwachsenenalter	Ich-Identität/Integrität vs. Verzweiflung	Weisheit

Vicki musste wohl oder übel begreifen, dass laut dem Modell der Eriksons das Individuum, während es sich durch eine Widrigkeit nach der anderen arbeitet, eine Stärke nach der anderen erlangt. Nachdem sie einen Anhaltspunkt hatte, was in ihrem Leben fehlte, schwor sie sich, immer mal wieder Rückzugsmöglichkeiten zu finden und dann daran zu arbeiten, die verschiedenen Stärken zu erwerben.

So beängstigend und ungewollt es auch war, zwang das medizinisch auferlegte Schweigen sie doch dazu, sich an ihren Schwur zu halten – es nahm ihr jede Möglichkeit, in ihre alten Gewohnheiten, Lebensweisen und Bindungen zurückzufallen. Als sie wieder sprechen konnte, bemühte sie sich weiterhin sehr darum, Abgeschiedenheit zu einer Priorität zu machen, und sie zog sich immer wieder aus ihrem einst hektischen Leben zurück, um Raum für Reflexionen zu schaffen.

Während ich einen Schluck Tee trinke und an die Geschichte meiner Freundin denke, erkenne ich, dass sie stets Stärken im Überfluss besaß, doch verlor sie aufgund der Verstrickungen, die zu ihrem chaotischen Leben gehörten, das Gespür dafür. Als Direktorin eines eigenen Tanzensembles förderte sie dessen Wachstum, obwohl sie gleichzeitig eine Scheidung zu bewältigen hatte. Sie war Tochter, Mutter und Großmutter. Nachdem Vicki zur Isolation gezwungen war, erkannte sie, dass sie durchaus bis zu einem gewissen Grad über Willen, Entschlossenheit und Kompetenz verfügte. Als ihr Körper eine Auszeit verlangte, besaß sie die spirituellen Ressourcen, sich nach innen zu wenden und darauf zu lauschen, was ihr Herz ihr zu sagen hatte. Am Ende bildete Vicki ihre Kompanie um, wobei sie im Auge hatte, sie zu verkaufen. Sie mietete für ein Jahr ein Haus an einem Flussdelta in Alabama und plante, ihren Traum zu verwirklichen, Schriftstellerin zu werden.

Vickis Odyssee enthält mehrere Lektionen für mich. Obwohl das Stufenmodell der Eriksons darauf hindeutet, dass Individuen zu bestimmten Zeiten ihres Lebens gewisse Stärken entwickeln, bin ich zu der Ansicht gelangt, dass eine Person, sobald sie eine Stärke erworben hat, nicht einfach zur nächsten übergeht. Es ist ihr bestimmt, immer wieder auf jeder zuvor erworbenen Stärke aufzubauen – eine Art Recycling der Lebenszyklen. Hoffnung, zum Beispiel, wird nicht nur erworben oder steht zur Verfügung, solange wir jung sind. Wenn bei der Fahrt auf dem Karussell ein Messingring nach dem anderen auftaucht, sollten wir hoffnungsvoll genug sein, stets aufs Neue danach zu greifen und damit unsere Stärken zu festigen. Vielleicht war es das, was Joan Erikson meinte, als sie darauf bestand, dass »das Leben ein Fortschreiten ist – es ist wichtig, sich das bewusst zu machen und bereit zu sein, den nächsten Übergang willkommen zu heißen.«

Jedes Jahr um diese Zeit mache ich eine Bestandsaufnahme der letzten zwölf Monate, liste alle Ereignisse und Momente auf, an die ich mich erinnern kann, und ordne sie als anregend, erschöpfend oder unter gemeinsame Erfahrungen mit meinem Mann ein. Aber heute Abend kann ich etwas noch Besseres tun. Es ist zehn Jahre her, seit ich nach Cape Cod kam – ein Jahrzehnt, in dem sich so viel verändert hat. Was hat sich ereignet? Wer war ich damals? Was habe ich tatsächlich erreicht? Was ist unerledigt geblieben? Wenn, wie Shakespeare schrieb, »Vergangenes nur ein Vorspiel ist«, wird mir die Beantwortung dieser Fragen vielleicht einen kurzen Einblick in den weiteren Handlungsablauf geben. Wie Vicki muss ich zurückschauen und entdecken, welche Stärken ich erworben, aber auch in all dem Herumeilen und Machen und Betreuen aus den Augen verloren habe. Joan Erikson war es, die bemerkte, es gehe in einem vollen (erfüllten) Leben um »Selbstkultivierung«. »Wir schulden es uns, aus Nichts etwas zu erschaffen.« Ihr zufolge war es einfach Zeitverschwendung, sich gedanklich damit aufzuhalten, was die eigene Mutter für einen getan hatte – man solle sich lieber fragen, was man für sich selbst tun wird.

Ich greife nach Block und Stift und beginne zu schreiben, denke daran zurück, wer ich vor zehn Jahren war, lausche meinem Leben nach, rufe mir die Schlüsselmomente ins Gedächtnis und erkenne dabei, dass nichts von dem Geschehenen alltäglich war. Damals war ich eine Frau mittleren Alters, die neben ihrem Mann in einem leeren Haus herlebte, ihn auf neue Weise kennenlernte, während wir Tag und Nacht zusammen waren, wobei ich versuchte, die Bedeutung von Familie neu zu besetzen; gleichzeitig schrieb ich meine Geschichte und hoffte, sie veröffentlichen zu können. Bis auf die Momente, in denen man in den Spiegel schaut, um neue Krähenfüße und weiße Haare zu entdecken, fällt es schwer, den genauen Moment der Metamorphose zu bestimmen. Menschen verändern sich fast unmerklich im Vergleich beispielsweise zu Schmetterlingen, die in voller Schönheit aus ihrer Verpuppung herausplatzen.

Während ich mich an meine Ankunft auf dem Cape erinnere – eine überstürzte Entscheidung und ein radikaler Umbruch –, erkenne ich, dass dieses letzte Jahrzehnt mit einer Krise begann, einer Zeit, in der ich so verstimmt war, dass ich davonlief, um allein zu leben. Die Stärke, die ich durch die Nähe zur Natur und das Alleinsein zurückgewann, war *Hoffnung*, eine Stärke, die ich verloren hatte, als mich das Ausmaß überwältigte, Kinder großzuziehen und einen Haushalt zu führen.

Zu Beginn des Jahrzehnts empfand ich Scham – Scham, dass ich es mit meinem Mann nicht hinbekam, Scham, dass ich weglaufen und mich verstecken musste, Scham, dass es mir nicht gelang, zumindest so perfekt zu erscheinen wie die Vorortnachbarn, die ich hinter mir gelassen hatte. Aber als ich lernte, allein zu überleben und meine eigene Gesellschaft sogar zu genießen, spürte ich zum ersten Mal die Freude der Selbstständigkeit und wurde dafür mit einem Wiederaufleben von *Willen* belohnt.

Unabhängig zu sein, meinen Weg zu gehen, ohne um Hilfe zu rufen, veränderte das, was ich für den Rest meines Lebens sein würde. Da mir beigebracht worden war, nachgiebig und abhängig zu sein, musste ich nun die Regeln lernen, die zum Getrenntsein gehören. Die erste Regel war die Notwendigkeit finanzieller Unabhängigkeit – zu wissen, dass ich für mich selbst aufkommen konnte, mit oder ohne einen Ehemann. Ich musste einen Job finden, irgendeinen Job, und durfte mich nicht darum kümmern, wie meine Entscheidung auf andere wirken würde. Eine ordentliche Arbeit im Fischmarkt für einen ordentlichen Tageslohn war alles, worauf es ankam.

Ich tat das, was ich am besten konnte, und schrieb über meine Erfahrungen während des allein verbrachten Jahres. Obwohl das Schreiben schwer war und es mir noch schwerer fiel, einen Verlag zu finden, fühlte ich mich nicht mehr schwach und unterlegen wie bei meiner Ankunft auf Cape Cod. Die zähe Arbeit des Schreibens forderte mich heraus, machte mich noch emsiger, und in der langen Zeit, in der mein Buch abgelehnt, von mir umgeschrieben und schließlich veröffentlicht wurde, begann ich mich sehr *kompetent* zu fühlen – nicht nur als Autorin, sondern als selbst geschaffene Person.

Als das Buch ein Erfolg wurde und Frauen aus dem ganzen Land mir schrieben, um mir zu sagen, meine Worte seien ihre Worte, schwand meine Verwirrung. Ohne es zu wollen, war ich zu einer Vermittlerin für Veränderung geworden – einer Frau, die bereit ist, ihre Erfahrungen zu teilen, um anderen Frauen zu helfen, sich selbst zu finden. Endlich glaubte ich, meine Identität gefunden zu haben, womit das Gefühl verbunden war, mir selbst treu zu sein, oder, wie die Eriksons es bezeichneten, die Stärke der *Treue* zu besitzen.

Ich war nicht mehr isoliert, im Gegenteil, es gab zu viele Menschen in meinem Leben. Doch dabei gewann ich eines – den Respekt meines Mannes. Während wir endlos darüber redeten, wer wir jetzt waren, im Gegensatz zu früher, wuchsen wir im Geiste, was zu einem neuen Grad der Intimität führte. Kurz gesagt, ich hatte endlich *Liebe* gefunden – nicht die jugendliche, an die ich mich schwach erinnerte, sondern etwas Tieferes und Behagliches wie ein alter Lieblingspullover. Das wurde mir bewusst, als er mir letzte Weihnachten eine Glasschale schenkte, auf die er »Verheiratet und unvollendet« eingravieren ließ – unvollendet, weil wir uns, statt den Rest unseres Lebens in Stagnation zu verbringen, entschieden haben, stärker einbezogen zu leben: er in Hinsicht auf die lokale und bundesstaatliche Politik, ich durch mein Schreiben und die Workshops, und wir beide miteinander.

Mir geht auf, dass wir Erwachsenen immer begierig sind, den Leistungen unserer Kinder Beifall zu spenden – Gehen, Klettern, Springen, Rennen, Schreiben und Sprechen –, unsere eigenen aber kaum wahrnehmen. Äußerlich verändern wir uns vielleicht nicht so sehr (wie Kinder im Wachstum), aber innerlich entwickeln wir uns die ganze Zeit weiter. Das Vermessen unserer Tage wird umso wichtiger, und sei es nur darum, dass wir unseren Fortschritt verfolgen und fortfahren müssen, unsere inneren und persönlichen Wachstumssprünge zu fördern. Jedes Jahrzehnt bringt uns eine neue Gewissheit – eine Zeit des Übergangs – einen Gang durch das Portal auf die andere Seite. Wäre es nicht interessant, wenn es am Ende jeder Dekade ein Ritual zur Feier der Erfolge einer Frau gäbe – ihre Krisenbewältigung, gemeisterte Lektionen, veränderte Einstellungen und Ideale –, damit wir nicht nur altern, sondern den Lebensfortschritt ehren, ritualisieren und bestätigen? Rückblickend erstaunt mich dieses spezielle Jahrzehnt. Aber was ich dabei vermisse, ist die Dankbarkeit, dass ich sowohl den Wunsch als auch die Neigung hatte, mich die ganze Zeit weiter anzustrengen. Es ist vier Uhr morgens, und ich habe das Gefühl, auf etwas gestoßen zu sein. Heute Nacht werde ich mich nicht mehr ins Bett legen.

In dem Moment höre ich den Aufprall der Zeitung auf der Vorderveranda. Ich wickle mich fest in die Decke und trete hinaus in den frühen Morgen, nur erleuchtet von der riesigen Mondkugel. Die frische Luft weckt mich wie aus einem tiefen Schlaf, und ich bücke mich rasch, um die Zeitung aufzuheben, da sehe ich die Schlagzeile: »Monomoy mit South Beach und dem Festland verbunden«.

Selten nehme ich Notiz von den Nachrichten und lasse mich erst recht nicht davon berühren. Aber an diesem Morgen bin ich gleichermaßen verblüfft und neugierig, laufe zurück zu dem Fenstersitz und verschlinge den Artikel über den mir so kostbaren Strand. Dort wurde ich vor etwa zehn Jahren abgesetzt, um mit den Seehunden zu schwimmen; dorthin lasse ich die Frauen meiner Wochenendworkshops per Boot bringen, damit sie allein und in Ruhe ihre Gedanken sammeln können, bevor sie zum Leuchtturm zurückwandern; dort, in dieser wilden und kargen Landschaft, findet man Metaphern im Überfluss. Trotz all der Bautätigkeit auf Cape Cod ist der South Beach eine Konstante geblieben – seine Wildnis bestens geeignet für alle, die sich von ihrer Last befreien, überflüssiges emotionales Gepäck abwerfen und sich von Erinnerungen an Misshandlung, Kummer, Furcht, Hilflosigkeit, Einsamkeit und Misstrauen reinigen wollen. Jetzt gehört er zum größeren Bild – durch eine natürliche Brücke aus Sand, der stets in Bewegung bleibt, mit einer Insel verbunden.

Ich lese weiter, fasziniert von der Geschichte dieser bisher abgelegenen Insel namens Monomoy. Ursprünglich gehörte sie zum Festland, doch 1950 trennte ein Sturm sie von Chatham, und sie wurde zu einer Insel. Etwa zwanzig Jahre später riss ein weiterer heftiger Wintersturm die Insel entzwei, und nun verbindet sich dreißig Jahre später der sich ausdehnende Strand von Chatham mit Monomoy und macht sie dadurch wieder zu einem Teil des Festlandes. Mein Interesse wird umso mehr von diese Anomalie angestachelt, als ich gerade die Nacht damit verbracht habe, über den Verlauf von Veränderung und Neugestaltung nachzudenken – den Austausch des alten Lebens gegen ein neues. Ich lese weiter, wobei mich vor allem der Bericht von Robert Finch interessiert, eines örtlichen Umweltschützers.

Aus meinem Leben hier habe ich zumindest gelernt, dass die Welt nicht auf umfassende Antworten vorbereitet ist, schon gar nicht auf endgültige. Die Fundamente jedes Einzelnen verschieben sich ständig, das Meer sucht sich neue Bahnen, bildet neue Meeresarme, verschließt alte, verläuft in neuen Strömungen. Alte Arten verschwinden, neue tauchen auf: nur der Verlauf von Schöpfung und Veränderung bleibt gleich. Allen, die hier auf dem Cape leben, sollte das wohlbekannt sein. Wir müssen nur still sitzen und zuschauen, wie sich die Welt um uns herum verändert.

Plötzlich habe ich das Bedürfnis, mit eigenen Augen die Kräfte der Natur zu sehen, die solche Veränderungen bewirken. Was könnte besser sein, das vergangene Jahrzehnt zu bewerten, als eine Pilgerfahrt zu meinem ursprünglichen Ausgangspunkt – dorthin, wo all meine wilden und salzigen Säfte erweckt wurden –, dem Ort, an dem ich mein Selbst wiederzuentdecken begann.

»Oh, Wildnis«, schreibt Robert Finch, »wofür wir sie auch immer halten, der Ozean hat das letzte Wort.« Trotzdem wird es eine Herausforderung sein, um diese Jahreszeit ein Boot zu mieten. Meine einzige Chance ist Hillary, ein Muschelfischer, mit dessen Frau ich befreundet bin. Er fährt fast täglich zu den Untiefen hinaus. Ich setze Kaffeewasser auf, warte auf die Morgendämmerung und verspüre ein neu gefundenes Gefühl der Erwartung.

Unbekanntes Gelände

Januar

Sehen allein macht müde. Was wir wollen, ist Einsicht,
um das benennen zu können,
was wir als Ausdruck der Gnade betrachten.

Marv Hiles

Tage später biege ich mit dem Auto auf einen mit zerdrückten Muschelschalen bedeckten Weg, der zwischen zwei Reihen maroder Schuppen hindurchführt, in denen die Fischer ihre Ausrüstungen lagern. Ich bin auf dem Weg zu einem stillen kleinen Hafen, den nur diejenigen kennen, deren Lebensunterhalt vom Meer abhängig ist und in dem ich auf Hillarys Anweisung nicht später als halb acht zu erscheinen habe. »Ich fahre drei oder vier Stunden vor Niedrigwasser hinaus, um volle fünf Stunden fürs Graben zu haben«, erklärte er mir am Telefon. »Der Gezeitenzyklus bestimmt meine ganze Woche.«

Was für ein merkwürdiges Zusammentreffen, dachte ich, als ich einhängte. *Seine Tage richten sich nach dem Gezeitenzyklus, und meine Gedanken kreisen um den Lebenszyklus.*

Nachdem ich das Auto abgestellt habe, entdecke ich Hillary, der zu seinem Sieben-Meter-Boot hinausrudert. »Bin gleich zurück«, ruft er mir zu, und seine Stimme hallt über die leere Bucht. Obwohl es mild ist für Januar, ist die Luft frisch, und nach den auf und ab hüpfenden Booten zu urteilen, weht vor der Küste eine steife Brise.

Ich sehe zu, wie Hillary sein Boot vom Anlegeplatz losmacht und auf den Kai zukommt. »Spring an Bord – aber reich mir erst mal meine ganzen Sachen rüber«, sagt er und deutet auf den Haufen seiner Utensilien. Als ich im Fischmarkt arbeitete, habe ich oft gesehen, wie die Fischer ihre Ausrüstung zum Kai schleppten und auf ihre Boote luden. Auf mich als Anfängerin wirkte die Arbeit beruhigend, ein frühmorgendliches Ritual, das sich nicht vom Ausräumen einer Spülmaschine unterschied, während der Kaffee durchläuft. Fischen ist jedoch wie jeder andere Beruf harte Arbeit. Jetzt erfahre ich, wie viel Hillarys Haufen wiegt, wie rutschig jedes Stück sein kann und wie viel Arbeit damit verbunden ist, überhaupt auszulaufen. Ich unterdrücke meinen Wunsch, an Bord zu springen und reiche ihm pflichtschuldig seine diversen Eimer, Harken, Jutesäcke, Plastikkisten und zwei Benzinkanister.

Bald darauf legen wir vom Kai ab, und ich kauere mich in den Windschatten eines Ruderhauses, das so klein ist, dass außer Steuerrad, Kompass und Radarkasten nichts mehr reinpasst. Hillary lenkt das Boot geschickt um die anderen herum, die den Hafen verstopfen, und hält dann auf zwei rote Kanister zu, die den Tiefwasserkanal markieren. Mich ins Offene hinauszuwagen, wo vieles völlig unvertraut ist, wirkt auf mich immer wie ein Wundermittel. Nur Robin weiß, wo ich bin, und selbst ihm konnte ich kein genaues Ziel angeben.

»Ist es für dich nur ein ganz normaler Arbeitstag?«, frage ich, weil mir auffällt, dass sich in Hillarys Gesicht dieselbe Erwartung und Befriedigung abzeichnen, die ich empfinde. »Oder geht es darum, fortzukommen?«

»Genau«, murmelt er, die Stimme gedämpft durch die Zigarre in seinem Mundwinkel. »Ich grabe seit dreißig Jahren nach Muscheln – mir gefällt es, da draußen allein zu sein. Außerdem ist die Fahrt jedes Mal wunderschön. Das macht mich glücklich, am Leben zu sein. Ich weiß nicht, wie lange ich das noch aufrechterhalten kann. Mein neuer Motor wird mich vermutlich überleben«, sagt er und lacht leise über seinen sarkastischen Humor.

Sobald wir aus dem Kanal heraus sind, fühle ich mich ganz wie die Ausreißerin – wieder mal –, wie jemand, der gerade seine Wochenendgäste losgeworden ist und endlich einen Tag für sich allein hat. Er gibt Vollgas, und wir fliegen dahin, der Bug hebt sich aus dem Wasser, und dann schlagen wir wieder auf den Wellen auf und drängen durch den Zusammenfluss der Strömungen zum offenen Meer. In dem Moment rollt meine Wasserflasche vom improvisierten Armaturenbrett und weiter zum Heck.

»Jag ihr nicht nach«, warnt mich Hillary über das Dröhnen des Motors hinweg. »Halt dich einfach fest und pass auf dich auf.« Was für eine neuartige Idee. Wenn ich jetzt losließe, würde ich rückwärts auf seinen 115-PS-Motor fallen oder, schlimmer noch, über Bord gehen. Daher nehme ich, trotz meines Widerspruchsgeistes, seinen Rat gerne an.

»Warum willst du in dieser Jahreszeit rausfahren?«, brüllt er. »Ich bekomme mitten im Winter nicht jeden Tag Anrufe von einer Frau, die an einem kargen Strand abgesetzt werden will.«

»Heute ist mein Jahrestag«, erwidere ich und ziehe mir die Wollmütze über die Ohren.

»Wo ist dein Mann?«

»Nicht die Art von Jahrestag. Es ist jetzt zehn Jahre her, seit ich aufs Cape gezogen bin. Ich dachte, ich sollte an den ersten Strand fahren, an dem ich gewesen bin. Ich bin eine dieser Verrückten, die gerne aus allem Rituale macht. Außerdem bin ich neugierig auf die neue Landbrücke – klang faszinierend, was da über den Sand zu lesen war, der den Meeresarm abgewürgt hat.«

Wir fahren jetzt im Zickzack, schlingern in großen Halbbögen, schlängeln uns in und um zahllose neu gebildete Untiefen und Sandbänke.

»Kein gerader Weg, der hinausführt«, bemerke ich.

»Nee. Jede Fahrt ist ein bisschen anders. Macht die Sache interessant, vor allem bei Ebbe, wenn sich der Meeresspiegel verändert.«

Bei dem Wort Ebbe spitze ich die Ohren. Ist es nicht das, wo ich mich in meinem Leben gerade jetzt befinde – weder hier noch da, aber erneut an einem Scheideweg? »Wie würdest du die Ebbe definieren?«, frage ich ihn.

105

»Als eine Pause – die Mitte der Dinge – keine sichtbare Bewegung in irgendeine Richtung. Die Ebbe ist der Moment, in dem frisches Meerwasser hereinfließt oder brackiges Wasser hinausgespült wird – eine Art Reinigungszeit.«

Ebbe und Flut ... Ebbe und Flut. Tief atme ich die salzige, feuchte Luft ein und schaue dann nach hinten, betrachte die vom Motor aufgeworfene Heckwelle, bevor Hillary auch schon das Tempo drosselt. »Ich muss dich auf der anderen Seite von Monomoy einsammeln«, sagt er. »Das Wasser fällt rasch. Ich hoffe, das ist für dich in Ordnung?«

»Kein Problem«, erwidere ich mutig, wenn auch plötzlich etwas verängstigt. Das Wasser und die Küstenlinie sahen ganz anders aus, als ich zum letzten Mal hier war.

»Kennst du dich auf Monomoy aus?«, fragt er.

»Ich war hier schon mal, aber nicht mehr in letzter Zeit. Jede geplante Fahrt wurde aus dem einen oder anderen Grund abgesagt. Aber es sollte nicht zu schwierig sein, von Osten nach Westen zu gehen, vor allem, wenn ich den Leuchtturm von Chatham als Orientierungspunkt nehme«, sage ich und versuche, zuversichtlich zu klingen.

»Kein Problem. Ich bin gut darin, hübsche Damen zu entdecken, die am Strand entlang wandern. Ich werde dich finden«, antwortet er mit einem Glitzern in den Augen.

Wir nähern uns mehreren Sandbänken, die unvermutet aus dem smaragdgrünen Wasser aufragen. »Der letzte Vollmond hat die Höhen und Tiefen extremer gemacht«, erklärt er, eine Hand am Steuerrad, während er die andere über die Bordwand hängen lässt, um sicherzugehen, dass das Wasser tief genug für das Boot ist. »Das Wasser läuft schneller ab, als ich erwartet hatte«, murmelt er und kippt den Motor hoch, damit er nicht über den Boden schrammt. »In dieser Gegend grabe ich nicht oft nach Muscheln. Kannst du irgendwelche Wahrzeichen ausmachen?«

O je, ich hoffe, er rechnet nicht damit, dass ich ihm die

Richtung weise. Wenn ich es schaffe, zehnmal im Jahr hier raus zu kommen, kann ich mich glücklich schätzen. Trotzdem spüre ich den sanften Druck, etwas beizutragen, und suche hektisch den fernen Strand nach etwas Wiedererkennbarem ab.

Bci abgeschaltetem Motor ist nur noch das Geräusch der an den Bootskörper schwappenden Wellen und einer hin und wieder kreischenden Möwe zu hören. In den trüben Wassern des Unbekannten treibend, möchte ich plötzlich den Plan für den heutigen Tag umstoßen – zum Hafen zurückkehren und den Rest des Tages an einem warmen Feuer genießen. In dem Moment deutet Hillary nach Osten. »Wow, schau dir mal an, wie die da rüberdonnern«, ruft er, und ich blicke mit zusammengekniffenen Augen zu den Brechern, die über den flachen Strand rollen und in unsere ruhige Bucht drängen. »Das sind ja Wahnsinnsdinger«, ruft Hillary. »Anscheinend bricht jedes Mal, wenn sich ein Meeresarm schließt, ein neuer auf.« Er lässt den Außenborder hinunter und wirft ihn an, damit wir näher an unser Ziel kommen. Ich spüre, wie er überlegt, was als Nächstes zu tun ist, was er mit mir machen soll oder eher, wie er mich los wird!

»Hör zu, wenn wir die Landbrücke erreichen, wo zum Teufel die auch sein mag, musst du schnell rausspringen, weil ich befürchte, dass wir sonst auf Grund laufen.«

»Aye, aye, Sir«, witzele ich und nehme es als Stichwort, meine Jogginghose hochzukrempeln, meinen Rucksack umzuhängen und den Reißverschluss meines wasserfesten Parkas zu schließen. Hillary hält den Blick weiter auf den Horizont gerichtet.

»O mein Gott«, ruft er kurz darauf, während wir beide geradeaus auf eine weiße Sandlinie starren, die den Himmel vom Meer trennt. »Da ist die Landbrücke. Ich würde es nicht glauben, wenn ich es nicht mit eigenen Augen gesehen hätte. Junge, das wird das Leben einer ganzen Menge Leute entscheidend verändern. Alle werden sich anpassen müssen – die Fischer, die Tiere und sogar die Touristen.«

»Bei dir klingt das alles so endgültig«, sage ich. »Ich muss zugeben, dass ich Veränderung nicht mag.«

»Das lässt sich nicht rückgängig machen«, sagt er und zieht an seiner Zigarre. »Bei bestimmten Dingen kann man einfach nichts tun. Außerdem könnte es eine Verbesserung sein. Sie haben von Ausbaggern gesprochen, aber das hätte überhaupt nichts genützt. Als Monomoy vor einer Weile entzweibrach, haben alle total schwarz gesehen, weil unsere Jakobsmuscheln verschüttet wurden, aber rat mal, was geschah? Stattdessen bekamen wir Sandklaffmuscheln, und für die wird man besser bezahlt als für Jakobsmuscheln. Man muss sich der Strömung anpassen. Natürliche Wertsteigerung nennt man das. Dieser Strand hat sich umgeformt. Jetzt liegt es an uns, damit zurechtzukommen. Was dich und mich betrifft, es wird Zeit, dass sich unsere Wege trennen«, sagt Hillary plötzlich. »Ich bin so nahe ans Ufer gefahren, wie ich es wage. Also, Frau, raus mit dir.«

Ich steige die Leiter am Heck hinunter, möchte einen grazilen Abgang machen, aber sobald das Wasser an meine nackten Waden schlägt, nimmt mir die Kälte den Atem.

»Mist«, keuche ich, dann bin ich vom Boot weg und wate zum nur zwanzig Schritt entfernten Ufer. Bevor ich ankomme, bin ich durchgefroren, und meine Zehen sind zu Eiszapfen erstarrt. Mein einziges Ziel ist, meinen Körper auf den Sand zu hieven, trockene Socken und meine Turnschuhe anzuziehen. Was habe ich mir nur dabei gedacht, mitten im Winter hierherzukommen? Hillary hat bereits in den Rückwärtsgang geschaltet und ist dabei zu wenden.

Sobald ich am Ufer bin, blicke ich mich törichterweise nach Schutz um, den es hier natürlich nicht gibt. Einstweilen bin ich den Elementen vollkommen ausgeliefert. Hastig schnüre ich die Turnschuhe zu und stehe auf, um meine Wanderung zu planen. Der ausgedehnte Strand vor mir ist bestenfalls verwirrend – ein riesiges Ödland, das aussieht, als wäre es vor Kurzem zerbombt worden. Der Sand ist mit zerbrochenen Muschelschalen, Fischgräten, Hunderten Pfeilschwanzkrebsen, dem Kadaver eines Seehundes und mehreren toten Möwen bedeckt. Mit dem scharfen Wind, der mir Sand in die Augen und jede andere unbedeckte Öffnung weht, fällt es mir schwer, mich zurechtzufinden.

Ich suche den Horizont ab, halte Ausschau nach den Dünen, die noch vor zwölf Monaten die Landschaft prägten. In der Ferne scheint irgendein Klumpen zu sein, und ich gehe los. Zum Glück erlaubt der gefrorene Sand ein flottes Tempo. Ich eile weiter, umgehe vorsichtig Büschel silbrig schimmernden Strandgrases, das einheitlich in eine Richtung weht wie Wäsche, die an einer Leine zum Trocknen aufgehängt ist. Als ich näherkomme, kann ich die Umrisse einer grob zusammengezimmerten Skulptur ausmachen – gewaltige Stücke Treibholz, alte Planken von Schiffswracks und große Äste, die aneinandergelehnt sind – vermutlich erschaffen von einem Touristen und zurückgelassen, um ein Eigenleben zu entwickeln.

Das Gebilde ist wie ein Wigwam gestaltet, mit zahlreichen Armen, die in alle Richtungen weisen und mit Fetzen behängt sind. Unter anderen Umständen würde ich vielleicht über die Bedeutung dieses Bauwerks nachgrübeln, aber im Moment bin ich nur verdammt nass und durchgefroren. Zum Glück hat der Architekt dieses zerklüfteten Bauwerks sogar an einen Eingang gedacht, der unter diesen frostigen Umständen einladend aussieht, und daher schlüpfe ich rasch hinein. Wenn es auch nicht völlig winddicht ist, so ist es immer noch besser, als im Freien zu sitzen.

Ich packe ein zerrissenes und schmieriges Handtuch, das an einem der Ausleger flattert, stopfe es in eine der größeren Öffnungen, durch die es von Osten hereinweht, ziehe meine Mütze wieder über die Stirn, wickle mir meinen Wollschal zweimal um den Hals, nehme meine Thermosflasche heraus, schenke mir einen Becher warmen Kaffee ein und lasse mir von dem Duft und aufsteigenden Dampf einen frühmorgendlichen Gruß entbieten. Ah, die pure Wonne leiblicher Genüsse!

Es ist erst neun Uhr, und vor mir liegen noch acht Stunden des Wanderns und Sinnierens, bevor dieses Abenteuer endet. Da kann ich mir genauso gut die Zeit nehmen, mein Frühstück zu genießen. Ich lehne mich an eine verbogene Hummerreuse und blicke versonnen auf all das, was an den Ästen meiner Festung hängt – ein zerrissener Drachen, mehrere leere Flaschen und Dosen, eine angeschlagene Boje, trockener Tang und ein gelbes Livestrong-Plastikarmband. Mir geht auf, dass der größte Teil dieses Abfalls einfach unbrauchbar geworden ist, zurückgelassen von den ehemaligen Besitzern, denen er nichts mehr nützte. Was soll man mit einem Handschuh, zu dem der zweite fehlt, einem Eimer ohne Griff, einem Spinnerkasten ohne Deckel?

Ich weiß noch, wie ich in New York ausgezogen bin und dabei eine gewisse Melancholie empfand – schließlich war es das Haus, in dem wir unsere Kinder großgezogen und unser Erwachsenenleben gestaltet hatten. Kurz vor der Abfahrt kam ein Freund vorbei, um sich zu verabschieden, und machte zufällig eine Bemerkung, die genau auf meinen Konflikt zutraf. »Tja, ich nehme an, dieses Haus hat seine Nützlichkeit überlebt, nicht wahr?«, sagte er. Und er hatte recht. Die Jungs waren schon vor Jahren ausgezogen und hatten leere, nunmehr überflüssige Schlafzimmer zurückgelassen; das große Esszimmer vermittelte nie mehr ein wohliges und warmes Gefühl, wenn Robin und ich allein darin aßen, der Hof, auf dem das alte Baumhaus zerfiel, und der Garten, vernachlässigt, nachdem ich zu arbeiten begonnen hatte, waren mehr, als wir bewältigen konnten. Ich verband viele gute Erinnerungen mit dem Haus, doch es war Zeit für

110

uns, weiterzuziehen und ein neues Leben in einem anderen Zuhause zu beginnen.

Nun, während der Bestandsaufnahme meiner letzten zehn Jahre, denke ich darüber nach, was sich in meinem heutigen Leben überlebt hat. Seit einiger Zeit weiß ich, dass alles zerstört wird, wenn man daran festhält – alte Methoden, überholte Ideale, ausgelaugte Beziehungen und Lebensstile, die unzeitgemäß geworden sind. Unsere Kultur scheint Beständigkeit zu schätzen. Sicherlich ist das Vertraute tröstlich. Aber das, was wir waren, entspricht nicht dem, was wir sind, und warum sollte ich mich immer noch an diese Teile meines Lebens klammern wollen, die ihren Reiz verloren haben? Vielleicht war ich unter anderem so erpicht darauf, heute hierherzukommen, weil ich tatsächlich Zeugin massiver Veränderung werden wollte. Niemand von uns kann den Lauf des Lebens steuern; wir können uns nur anpassen.

Erwärmt von den wenigen glühenden Mutfunken, die aus meinen Gedanken aufzuflackern scheinen, nehme ich den letzten Schluck Kaffee, hänge den Rucksack wieder um und krieche aus dem Unterschlupf, bereit, am »Ufer des dröhnenden Meeres« entlangzugehen, wie Thoreau sagte, »entschlossen, es in mich aufzunehmen«. Immer wieder rufe ich mir diesen alten, getreuen Ausspruch in Erinnerung. Allein durch den Aufbruch lässt sich immer etwas Größeres, Besseres, Lebensbejahenderes finden. Auf dieser Reise geht es nicht nur darum, in der Welt voranzukommen, sondern die Stadien des Begreifens zu durchwandern.

Das ständige, melodische Klagen des Wintermeeres zieht mich zur Atlantikseite, und bald stoße ich auf ein einsames Dory, das halb im Sand versunken ist. Einst in lebhaftem Königsblau gestrichen, ist die Farbe jetzt verblichen, rissig und abgeblättert, der Schiffskörper ist voller Regenwasser, einer der Sitze ist zerbrochen. Dieses Gefährt ist nicht mehr seetüchtig – es ist ein Boot, dessen Zeit abgelaufen ist. Ich stelle mir vor, dass es immer wieder leckgeschlagen ist und der Besitzer die Lecks einfach kalfatert hat, bis das Dory nicht mehr zu retten war.

Unwillkürlich vergleiche ich dieses kleine Boot mit meiner Mutter, die ausgelaugt und müde ist, nicht mehr das lebhafte Gefährt sein kann, das sie einmal war. Und wie der Besitzer des Dorys bin ich mit der Tatsache konfrontiert, dass nur noch sehr wenige Reparaturen etwas bewirken werden. »Jetzt liegt es an Grandma«, sagte mein jüngerer Sohn Luke, nachdem er sie im Krankenhaus besucht hatte. Er wusste, dass ihre Krankheit nicht tödlich verlaufen würde, doch konnte er sehen, wie erschöpft sie war. Niemand konnte sie wieder gesund machen, außer sie selbst. Entweder wollte sie leben oder nicht.

Während ich weitergrüble, habe ich das Gefühl, mit meiner Mutter im selben Meer zu schwimmen – sie hält sich an mir fest, aber mir geht die Energie aus, uns beide über Wasser zu halten. Ich habe die Kraft, mich allein in Sicherheit zu bringen, aber sie hat diese Kraft nicht. Wenn ich untergehe, dann versinken wir beide. Daher ist die Entscheidung offensichtlich, wenn auch äußerst quälend. Ich könnte sie nie allein lassen, wie jemand es mit dem Dory gemacht hat, doch ich weiß, dass mir ein Leben zusteht, das sie nicht immer einschließt. Genau wie der Besitzer dieses Bootes zu der Einsicht kam, dass er es nicht mehr länger streichen, kalfatern und aus dem Sand graben konnte, um es seetüchtig zu machen, erkenne ich, dass ich den Geist, den Willen, die Entschlossenheit und Agilität meiner Mutter nicht wiederherstellen kann. Sie möchte vom Alter befreit werden, und das kann ich ihr nicht geben.

Fest entschlossen und zugleich schweren Herzens gehe ich auf die inzwischen berühmte Landbrücke zu und bleibe kurz stehen, um eine Herde Seehunde zu beobachten, die auf einer Sandbank ziemlich weit vom Ufer entfernt lagert – zufrieden und vollkommen sicher vor Menschen und Bootsverkehr. Sie erinnern mich an meine Jungs, die durchaus glücklich mit ihrer Entfernung von Cape Cod zu sein scheinen, der eine im Westen, der andere in Illinois. Ich glaube, sie genießen ihre Unabhängigkeit und die Wahlmöglichkeit, nur dann Verbindung mit Robin und mir aufzunehmen, wenn es ihnen passt. In zynischer oder trauriger Stimmung würde ich sie als hochnäsig bezeichnen, genau wie die Seehunde, die necken und verzaubern, aber völlig unabhängig bleiben.

Hier draußen, wo ich Einsamkeit und Unabhängigkeit anerkennen kann, bin ich fähig zu sagen: »Dann ist es eben so.« Würde ich mir wünschen, dass sie sich so festklammern wie die Entenmuscheln an der alten Nautilusmuschel, die ich gerade in meine Tragetasche gesteckt habe? Hätte ich Muttersöhnchen großziehen wollen, die kein Interesse daran haben, flügge zu werden? Nein. Ich bin stolz auf meine Jungen und ihr Verlangen danach, sich ein eigenes Leben aufzubauen. Aber es ist nicht leicht gewesen, sie wegzuschubsen, so wie eine Seehundmutter ihre Jungen wenige Tage nach der Geburt ins Wasser stupst, damit sie um ihr Leben schwimmen. Als ich sie nach vorne drängte, hatte ich dabei nicht im Sinn, dass sie sich am anderen Ende des Landes niederlassen sollten. Schließlich hätte »vorwärts« auch ein ganzes Stück näher sein können!

Eines weiß ich gewiss: Eine Mutter wird ihre Kinder immer lieben, auch wenn sie erwachsen sind. Doch die Nähe, die sie einst mit ihnen teilte, vor allem mit Söhnen, verwandelt sich mit der Zeit in nichts weiter als eine schlichte »Hoffnung auf geliebte Fremde«, wie die Jungianerin Florida Scott-Maxwell einst sagte. Eine gute Freundin meinte, das Großziehen eines Kindes sei die einzige Beziehung, die, wenn man es richtig macht, mit Trennung endet. Wie recht sie hatte!

Relativ gesehen bleibt uns nur ein kleines Zeitfenster für das Bemuttern. Obwohl es uns in der Phase, in der wir vollkommen in Anspruch genommen werden, so vorkommt, als dauere sie ewig, bleiben uns dafür nur zehn bis fünfzehn Jahre. Dann, puff, ist es vorbei. Ganz ähnlich wie der erste Schultag für ein Kind. Er bleibt in lebhafter Erinnerung, ist aber tatsächlich nur ein flüchtiger Augenblick. Genau wie viele große Ereignisse im Leben – monumental, jedoch nur von kurzer Dauer. Auch hier liegt die Antwort wieder darin, das zu erkennen, was sich überlebt hat. Das im Gedächtnis zu behalten, hilft mir, die ständige Umgestaltung der Familie zu akzeptieren, genau wie ich die Umgestaltung des Strandes vor mir beobachte. Es ist mein Problem, nicht ihres. Zeit, auf die andere Seite überzuwechseln.

Den Abstand überbrücken

Januar

Der beste Ausweg führt immer mittendurch.

Robert Frost

Mit dem neu entdeckten Gefühl einer heimlichen Heldin wage ich es einmal mehr, meiner eigenen Rettung entgegenzugehen. Den getreuen Wanderstock in der Hand, bleibe ich am Rand des Meeres und halte den Blick auf den glatten weißen Sandstreifen vor mir gerichtet, fasziniert von dem, was die Natur geschaffen hat, gespannt, etwas zu überqueren, was vorher zu Fuß unerreichbar war. Wellen schwappen hoch, ihr Schaum kriecht über den Rand der Landbrücke. Obwohl sich der Himmel verdunkelt hat und nichts Gutes verheißt, bleibt mir keine andere Wahl, als weiterzugehen über die schmale Landzunge aus weißem Sand, die eine Wasserfläche von der anderen trennt.

Als ich zur Landbrücke komme, entdecke ich etwas Merkwürdiges – zwei frische Fußspuren im harten Sand. Wer könnte an einem so unwirtlichen Tag hier draußen sein? Bei näherem Hinschauen erweist sich die eine Spur als deutlich größer und muss von jemandem mit ausholendem Schritt stammen, während die andere von kleineren Füßen hinterlassen wurde, jeweils zwei Schritte, wo der andere nur einen macht. Man kann sich leicht vorstellen, dass sie zu einem Mann und einer Frau gehören, die zusammen einen Spaziergang machen. Eine Zeit lang folge ich den Fußspuren mit dem angenehmen Gefühl, Gesellschaft zu haben, doch dann biegen die kleineren Spuren plötzlich zu den Dünen ab, während die größeren weiter der Landbrücke folgen.

Da mich gerade nichts anderes beschäftigt, mache ich mir Gedanken über dieses fiktive Paar, das aus irgendeinem Grund beschlossen hat, in dieser gottverlassenen Gegend nicht zusammenzubleiben. Haben sie sich gestritten? Oder ist es nur ein Paar mittleren Alters, das nicht mehr im Gleichschritt oder Hand in Hand herumlaufen muss – ähnlich wie Robin und ich –, das unterschiedliche Zielvorstellungen hat? Interessanter noch, warum verstört es mich, dass sich ihre Fußspuren getrennt haben?

Das ist eine Frage, mit der ich mich in den ersten Jahren von Robins Ruhestand viel herumgeschlagen habe. Da die Kinder groß sind und sich unsere beruflichen Laufbahnen in vollkommen unterschiedlichen Stadien befinden, weichen unsere Richtungen voneinander ab, wie auch die Geschwindigkeit, mit der wir uns bewegen. Robin liest Zeitung, spielt eine Runde Golf, jammert über unsere Finanzen und werkelt auf dem Grundstück herum. Gegen sechs Uhr abends ist er bereit für einen Drink. Ich dagegen erwache vor Sonnenaufgang, um ein paar ruhige Stunden zum Schreiben zu haben, mache rasch einen Spaziergang und danach Besorgungen, schaue bei meiner Mutter vorbei und verbringe den späteren Teil des Tages damit, Anrufe zu beantworten. Um sechs Uhr bin ich bereit für die Dusche, ein Sandwich und dann ab ins Bett. Oft schaffen wir es abends, an den Strand zu gehen, und am Nachmittag begleitet mich Robin häufig bei meinen Besorgungen in der Stadt. Aber die Augenblicke, in denen wir das Gefühl haben, zusammenzuarbeiten, auf ein gemeinsames Ziel zuzusteuern, sind selten. An und für sich erzeugt die Tatsache, dass wir uns in unterschiedlichen Rhythmen bewegen, nicht allzu viel Spannung. Doch der Unterschied zwischen der Art, wie wir leben, und der Art, wie wir im Ruhestand zu leben gedachten, ist gewaltig.

Eine Nonne, die ich vor Kurzem kennenlernte, erriet genau, was mich an der Beziehung so sehr quält. »Ich wollte etwas erwähnen, was mir in Ihrem Buch aufgefallen ist«, sagte sie, »es ist dort nur angedeutet, aber von großer Tragweite.« Das weckte sofort meine Aufmerksamkeit. »Es entspricht der menschlichen Natur, zwei Dinge gleichzeitig zu wollen – allein zu sein und in einer Beziehung zu leben. Dieses Ziehen scheint allem, was Sie schreiben, innezuwohnen.«

Damit traf sie das Dilemma, mit dem ich täglich lebe, genau auf den Punkt. Mir scheint, als sei es bei all dieser Seelenerforschung, die ich zum Zeitpunkt meiner Lebensmitte betrieben habe, darum gegangen, mich kennenzulernen und ein für alle Mal ehrlich mit mir zu sein. Nun ja, wenn ich ehrlich sein soll über meine Beziehung zu Robin, muss ich sagen, dass ich mich größtenteils in ihr versteckt habe.

Ich gebe vor, seit Langem ein Stadium erreicht zu haben, in dem wir den anderen zur Unabhängigkeit ermutigen, doch ich erkenne allmählich, dass ich meine Arbeit benutzt habe, um irgendwie Abstand von ihm zu halten. Ich liebe meinen Mann und unsere Ehe, aber als er sich zur Ruhe setzte und nach Cape Cod zog, nur ein Jahr, nachdem ich fortgegangen war, brauchte ich nach wie vor die Sicherheit, mein eigenes Leben zu haben – mein Leben, unabhängig von meiner Rolle als Joan Anderson Wilkins, Robins Frau. Darüber hinaus war ich vor Angst erstarrt, dass Ruhestand bedeuten könnte, ihm in eine Rentnersiedlung in Florida oder Arizona folgen zu müssen. Daher stürzte ich mich in meine Arbeit, zum Teil, um mich zu schützen. Das war ziemlich leicht – schließlich war die Arbeit vorhanden. Außerdem war ich schon immer derselben Meinung wie Khalil Gibran, der in *Der Prophet* schreibt: »Lasst Raum in eurem Zusammensein, und lasst die Winde des Himmels zwischen euch tanzen … Füllt den Becher des anderen, aber trinkt nicht aus demselben Becher … Singt und tanzt und seid fröhlich miteinander, aber lasst einander auch allein.«

Bei den meisten langjährigen Beziehungen gibt es, wie im Meer, Ebbe und Flut; die Partner benötigen Zeit, voneinander getrennt zu sein, und Zeit zur Wiederverbindung. Wenn man die Intensität einer Beziehung anschwellen und abebben lässt, verwandelt sich romantische Liebe in etwas Behaglicheres und Herzerwärmenderes – eine langsam wachsende Zuneigung, die sowohl eine starke und interessante Kameradschaft als auch Loyalität einschließt, die in einer Welt, die einen isoliert, Unterstützung gewährt. Aber das Abebben ist nicht immer so leicht zu handhaben wie das Anschwellen.

Vor Kurzem kehrte ich von einem Frauenwochenende zurück, bei dem ich mich von den Teilnehmerinnen sehr geschätzt gefühlt hatte. Sie waren engagiert und brachten viel Energie in die Workshops ein. Im Gegensatz dazu blickte Robin kaum vom Fernseher auf, um mich zu begrüßen, seine Stimmung war äußerst gedrückt, ohne Wärme oder Interesse dafür, wo ich gewesen war.

Enttäuscht, regelrecht gekränkt, aber zu müde, Streit anzufangen, ging ich direkt nach oben, um mich umzuziehen. Das Bett war ungemacht, benutzte Handtücher lagen auf dem Badezimmerboden, und ein Haufen schmutziger Wäsche wartete darauf, gewaschen zu werden. Warum, fragte ich mich, ist er so offensichtlich gedankenlos und gleichgültig? Vielleicht liegt es einfach daran, dass ich *ihm* so wenig gegeben habe. Wenn ich meiner Ehe so viel Zeit und Aufmerksamkeit widmen würde wie meiner Arbeit, würde ich wahrscheinlich ähnliche Belohnungen ernten. Detail, Rücksichtnahme, Präsenz – das sind die Zutaten, welche die Art von Nähe schaffen, nach der wir uns alle sehnen. Wie Joan Erikson sagte: »Sich ›beziehen‹ ist ein Verb. Es bedarf des Handelns und Denkens, um eine Reaktion zu erhalten.« Wie viel Handeln und Denken habe ich während der letzten paar Jahre wirklich auf meine Beziehung verwendet? Ich fürchte, ich habe es mir im Vertrauten bequem gemacht, habe angenommen, die Dauerhaftigkeit meiner Ehe erhalte sich selbst, und einfach nicht oft genug die Hand nach meinem Mann ausgestreckt. Mich dieser Wahrheit hier draußen zu stellen, wo ich hilflos bin, die Situation zu verbessern, verstärkt mein Unbehagen, das noch durch den Anblick zweier schwarzer Wolkenbänder erhöht wird, wie ich sie noch nie gesehen habe, die sich aus dem Meer erheben und zum Himmel aufsteigen.

Ich zögere, denn plötzlich wirkt dieses Abenteuer seltsam bedrohlich. Vielleicht ist es nur das düstere Donnern der Brandung – eine Art Trommelwirbel, wie man sie bei Militärbegräbnissen hört; vielleicht liegt es daran, dass diese Einsichten in mein Verhalten unbequem sind. In diesem Moment fliegt eine Schar Seegänse in Formation über mich hinweg und landet auf Monomoys höchster Düne, bereit, mich zu begrüßen, wenn ich schließlich die Sandbrücke überquert habe. Sie scheinen mich anzutreiben, und daher verlängere ich meine Schritte über diese Landzunge, geboren aus Wellen und geformt vom Wind.

Dann passiert es. Ich trete in ein Matschloch. Zuerst sinkt mein rechtes Bein ein, gefolgt vom linken – tiefer, tiefer, tiefer werde ich hineingezogen wie in Treibsand, bis zum Unterkörper plötzlich vergraben, mein Rucksack schwebt hinter mir. So sitze ich fest wie ein gekentertes Boot, das sich aufzurichten versucht. Mehr noch, es gibt kein Entrinnen – keinen Rettungsring, an dem ich mich festhalten könnte, niemanden, der mir hinterherspränge. Ich zwinge mich, ganz still zu bleiben, während ich überlege, wie ich meinen versinkenden Körper befreien kann. Ich strecke den Arm nach dem bisschen festen Ufer aus, das ich sehen kann, kralle meine Finger in den gefrorenen Sand und mühe mich ab, ein Bein freizubekommen. Der Sand fühlt sich wie nasser Zement an, und meine Turnschuhe verhalten sich wie Anker. Bald bin ich außer Atem und von Panik ergriffen. Ich versuche es erneut, während eine Welle nach der anderen auf mich niederkracht. Als ich die dunklen Wolken sah, hätte mir klar sein sollen, dass der Tag sich zu wenden beginnt, aber ich hatte nicht mit dieser Art von Erlebnisflut gerechnet. Dann schaffe ich es irgendwie durch schiere Willenskraft, ein Bein zu lockern und zu befreien. Sekunden später reiße ich das andere mit einem Ruck heraus und krieche so weit wie möglich von der Brandung weg, durchnässt, aber erleichtert.

Wenn ich entschlossen war, das Meer in mich aufzunehmen, ist mir das mit Sicherheit gelungen. Was als ritueller Spaziergang gedacht war, um eine Dekade zu bewerten, ist zu einer Überlebensübung geworden. Ich rappele mich auf, richte meinen Rucksack wieder aus und marschiere flott zur anderen Seite, wo die Seegänse warten und ich auf der Düne zusammensacke. Während ich das gerade Geschehene verarbeite und die Erleichterung verspüre, die man empfindet, wenn man sich aus einer Klemme befreit hat, denke ich an all die Wochenendfrauen, die ich hierhergebracht habe.

Unter ihnen war die Stotterin, die sich mit ihrem Handicap abfand und von ihrem Strandausflug verwegen genug zurückkehrte, um über sich in Gesang auszubrechen; das Magersuchtsopfer, das seine Tabellen vergrub und aufhörte, seinen Wert an abgenommenen Kilos zu messen; die achtunddreißigjährige Witwe und Mutter dreier Söhne, die ihrer Trauer freien Lauf ließ, um sich wieder der Menschheit anzuschließen; die Mutter einer im Sterben liegenden Tochter, die kam, um sich eine Ruhepause zu gönnen, damit sie zurückkehren und ihre Wache am Bett der Tochter fortsetzen konnte; die Frau, die Brustkrebs im dritten Stadium überlebt hatte und ihre Überlebensbrosche vergrub, um nicht nur als jemand betrachtet zu werden, der überlebt hat, sondern als jemand, der weiterzuleben gedenkt.

Diese und Hunderte anderer Frauen haben sich der Gnade der Elemente ausgesetzt, um die Inspiration zu finden, ihr Leben in andere Bahnen zu lenken. Die Frauen, die diesen wilden und salzigen Ort besuchen, an dem Stürme und Jahreszeiten die Landschaft täglich verändern, sehen hier mit eigenen Augen die Sinnlosigkeit, an alten Verhaltensweisen und Illusionen festzuhalten. Hier entdecken sie ihre inneren

Stärken und erkennen, dass es am Ende keine Rettung von außen gibt. Jede von uns muss und kann sich selbst retten, genau wie auch mir vor wenigen Augenblicken die Chance dazu gegeben wurde.

Während ich über meine kleine Erleuchtung lächle, dankbar dafür, am Leben zu sein, bemerke ich einen näher kommenden Mann in einem offenbar militärischen Tarnanzug. Er trägt sogar eine Waffe in einem Halfter.

»Sie befinden sich auf Sperrgebiet«, verkündet er ohne Vorrede. Die Tatsache, dass er über mir aufragt, ist beunruhigend.

»Wie bitte?«, frage ich bestürzt und stehe rasch auf.

»Dieses Gebiet ist für Menschen gesperrt. Es ist ein Brutgebiet für bedrohte Vogelarten«, sagt er. »Haben Sie das Schild nicht gesehen?«

Ich halte mich nicht damit auf, ihm zu erklären, dass ich mich gerade vor dem Versinken gerettet habe und hier nur Atem schöpfen wollte. Irgendwie ahne ich, dass ihm das egal ist. Also gehe ich hinüber und lese eines seiner Schilder:

VORSCHRIFTEN FÜR NORD- UND SÜD-MONOMOY
Teile dieses Gebietes sind gesperrt,
um den Bruterfolg der Vögel zu gewährleisten.
U.S. Fish and Wildlife Service

»Mir scheint, als wäre *Teile* das ausschlaggebende Wort«, sage ich, begreife die Wichtigkeit der Semantik in solchen Momenten. »Welche Teile sind denn nun menschlichen Wesen zugänglich?«

Der »Vogelmann« lässt sich von meinem Sarkasmus offenbar nicht beeindrucken. »Sehr wenige«, erwidert er.

»Dann haben wir ein Problem«, sage ich. »Ich soll mich in ein oder zwei Stunden auf der anderen Seite der Insel mit einem Fischer treffen. Das ist meine einzige Möglichkeit, aufs

Festland zurückzukehren. Haben Sie irgendwelche Vorschläge, wie ich dort hinkommen könnte?«

»Etwa eine Meile den Strand hinunter gibt es einen Ein-
schnitt, kurz vor dem Leuchtturm. Wenn Sie nicht abweichen,
bevor Sie den Pfad erreichen, werde ich davon absehen, Ihnen
die Hundert-Dollar-Strafe für unbefugtes Betreten aufzuerle-
gen.«

So wird man also als eine der Ersten, die auf dieser abgelegenen Insel an Land gegangen sind, willkommen geheißen!
Ich suche meine Sachen zusammen und verschwinde eilends,
will mir nicht von diesem unsympathischen Mann noch weiter den Tag verderben lassen.

Nebel zieht auf, und ich muss nach wie vor den Pfad
finden. Ich beschleunige meine Schritte, erreiche höher gele-
genes Gelände, von dem aus ich den Sund erspähen kann,
wende mich nach Westen und überquere, wenn auch gesetz-
widrig, die Dünen, weil ich meine Heimfahrt nicht verpassen
möchte.

Fünfzehn Minuten später höre ich das tiefe Dröhnen eines
Bootsmotors und hoffe, dass es Hillary ist. Tatsächlich taucht
aus dem Nebel sein treues kleines Boot auf, von dem aus Hillary das Ufer nach der »hübschen Dame« absucht. Obwohl
ich erleichtert bin, gerettet zu werden, empfinde ich auch
Triumph über die Wanderung, die ich gerade gemacht habe.
Ich habe es buchstäblich auf die andere Seite geschafft. Viele
Stürme haben die Form der Insel verändert, genau wie mich
die Herausforderungen verändert haben, denen ich mich in
den letzten zehn Jahren stellen musste. Aber die gute Nachricht ist, dass ich dadurch etwas gewonnen habe. Ich schnüre
meine Turnschuhe auf, stecke sie in den Rucksack, kremple
die Hosenbeine hoch und platsche entschlossen ins Wasser,
lasse die Sicherheit des Ufers hinter mir. Klammere dich an
nichts fest, sage ich mir. In einer frischen Zukunft liegt mehr
Hoffnung. Eine neue Jahreszeit ist angebrochen, eine, in der

ich manche Felder werde brachliegen lassen, während ich andere für die Aussaat bereit machen werde. Wie Joan Erikson gerne sagte: »Alle Samen haben Potenzial. Es wird Zeit, das Hinauszögern zu beenden und die Saat auszubringen.«

Wieder unterwegs

Ende Februar

Dies über alles; sei dir selber treu,
Und daraus folgt, so wie die Nacht dem Tage,
Du kannst nicht falsch sein gegen irgendwen.

William Shakespeare

An einem kalten Februarabend, in einer Winternacht, in der
der Schnee so leicht und flockig fällt, dass er über die Straße
weht, komme ich mir vor wie in einer Schneekugel, wie man
sie Kindern zu Weihnachten schenkt. Ich liebe diese Jahreszeit – trotz all der vielen Wollschichten. Es ist Zeit, umhüllt
zu werden, nicht nur von Kleidung, sondern auch von Träumen, die dann Zeit für den Winterschlaf haben, bevor sie im
Frühling wieder erwachen. Daran denke ich, als ich zum Salt
Water Grill fahre, um mit Ro und Susan meinen Geburtstag
zu feiern. Beim Losfahren verspürte ich leichte Schuldgefühle,
da ich für ihre Geburtstage nichts Besonderes geplant hatte. Doch das schlechte Gewissen verflüchtigte sich rasch. Seit
meiner Strandwanderung nach Monomoy hat sich meine Ein-
stellung verändert. Ich bin entschlossen, keine Rückschritte
zu machen, und habe gelernt, die Warnzeichen zu erkennen,
die jedes Mal aufleuchten, wenn ich auch nur daran denke,
in alte Gewohnheiten zu verfallen. Zur Verwunderung aller
ist es mir gelungen, das Wort Nein fast so oft auszusprechen
wie das automatische Ja. Ich habe zahllose persönliche und
berufliche Absagen erteilt und es geschafft, mich von ein paar
Auftritten und unergiebigen Verpflichtungen zu befreien. Ich
unternehme sehr viel weniger mit meiner Mutter, koche nicht
mehr jeden Abend und habe einiges an Hausarbeit abgege-
ben.

Der Schnee fällt seit mehreren Stunden unentwegt, daher
fahre ich langsam. Wir hatten überlegt, das Treffen ausfal-
len zu lassen, aber sowohl Susan als auch Ro hatten unsere
letzten Verabredungen platzen lassen. Ausnahmsweise bin ich

mal nicht diejenige mit dem vollen Terminkalender! Ro ist seit der vorzeitigen Ankunft ihres vierten Enkelkindes ständig überfordert, und Susan ist vollauf mit ihrem neuen griechischen Liebhaber beschäftigt. Hin und wieder muss ich leise lachen, wenn ich daran denke, wie sie an mir herumgenörgelt haben, um mich aus meinen Familienverflechtungen loszueisen.

Ich bin gerade in die Monument Road eingebogen und komme an der Heiliggeistkapelle vorbei – eine ganz besondere Kirche, die ich von Zeit zu Zeit aufsuche, weil ihre Schlichtheit Trost und Inspiration bietet. Als die alte Kapelle renoviert werden musste, trug jedes Mitglied der Gemeinde etwas bei – ein Holzschnitzer verzierte die Kirchenbänke, ein Glasbläser schuf die Buntglasfenster, jemand anderer bestickte die Gebetskissen. Durch ihre gemeinsame Anstrengung ist der Ort – so scheint mir – mit mehr Spiritualität erfüllt als die meisten anderen Kirchen, deren Gottesdienst ich besucht habe. In letzter Zeit fühle ich mich zur Spiritualität hingezogen, beginne zu spüren, dass die zweite Lebenshälfte mehr nach innen als nach außen gerichtet sein sollte – eine Zeit, in der man stärker mit Fühlen als mit Denken beschäftigt ist. Diese neuen Gedanken haben mir zwei römisch-katholische Nonnen bestätigt, die sich veranlasst fühlten, mir unaufgefordert ihre Meinungen zu dem Thema mitzuteilen.

Die erste, Schwester Lita, hat das Gefühl, mich durch und durch zu kennen, da sie all meine Bücher gelesen hat. Sie hat mir vor Kurzem E-Mails geschickt und mich angeregt, mit dem Schreiben fortzufahren. »Das Thema meines diesjährigen Weihnachtsbriefes war Ehrfurcht«, erklärte sie in ihrer letzten E-Mail, »Dinge, die mich mit Ehrfurcht erfüllen. Als ich Ihnen das erste Mal schrieb, hatte ich das Gefühl, einen Gedanken in den Raum zu werfen, den Sie vielleicht aufgreifen würden. Daher schüttelte ich verwundert den Kopf, als Sie tatsächlich antworteten. Während ich auf die vielen Wolkenkratzer hier in Toronto blicke, denke ich an das Wasser, das all diese Stockwerke hinaufgepumpt wird und dann wieder hinunterfließt ... alles unsichtbar ... und erneut bin ich von Ehrfurcht erfüllt. Wie das Sprichwort sagt: ›Das Wesentliche ist für das Auge unsichtbar.‹«

Die letzte Zeile blieb bei mir hängen. Ich habe so viel Zeit in der Natur verbracht und Botschaften über das Leben erhalten, während ich die unterschiedlichsten einzigartigen oder mysteriösen Dinge betrachtete und tief in sie hineinschaute. Aber um das Unsichtbare zu wissen und, wichtiger noch, darauf zu vertrauen, ist etwas ganz anderes. Ich spüre, dass auf diesem Gebiet noch Arbeit vor mir liegt. Ich muss mich dem Immateriellen öffnen – Eigenschaften, Empfindungen, Intuitionen, welche die Seele beleben und mir das Gefühl geben, wirklich lebendig zu sein.

Die andere Nonne wandte sich bei einem Frauensymposium an mich. In der Diskussion, die der Veranstaltung vorausging, teilte sie mir mit, was sie hinsichtlich meines Lebens empfunden hatte. »Aus Ihrem ersten Buch wird deutlich, dass Sie viel Gewissenserforschung betrieben haben«, sagte sie nachdenklich, »aber die meisten Ihrer Schlussfolgerungen hatten anscheinend eine intellektuelle Grundlage. Als Sie dann Joan Eriksons Theorien über die Wirklichkeit kennenlernten, damit zu arbeiten begannen und sich nach Machu Picchu aufmachten, wurde Ihre Reise körperlicher. Aber meiner Meinung nach müssten Sie sich noch auf eine rein spirituelle Reise begeben. Haben Sie das schon mal in Erwägung gezogen?«, fragte sie.

»Natürlich habe ich das«, versicherte ich ihr, »doch es ist schwer, dafür die Zeit und den Ort zu finden.«

»Vielleicht ist es das, was fehlt – wonach Sie sich sehnen, wie ich spüre, und was Ihre Leserinnen noch hören müssen.« Ich stimmte völlig mit ihr überein, doch abgesehen vom Besuch einer örtlichen Kirche oder der Hinwendung zu einem klösterlichen Leben fiel es mir schwer, ihre wertvolle Anregung aufzugreifen.

Das heißt, das war so bis vor Kurzem, als ich einen Brief von einer Mrs MacDonald bekam, einer Schottin, die mir völlig überraschend ihr Cottage auf der Insel Iona anbot. Ich brachte in Erfahrung, dass sie eine Art Philanthropin ist, die Freude daran hat, ihr Haus Schriftstellerinnen, Künstlerinnen und Sucherinnen zur Verfügung zu stellen, vor allem jenen, die in der Frauen-, Umwelt- und Weltfriedensbewegung aktiv sind. Anscheinend war sie in einem Flughafen auf meine Bücher gestoßen und davon so angetan, dass sie mir diese Einladung zukommen ließ. Ich war verblüfft, amüsiert und fasziniert, aber als ich Robin den Brief zeigte, reagierte er sofort abweisend. »Hattest du nicht vor, deine Reisen einzuschränken?«, fragte er. »Und woher soll das Geld für so eine Reise überhaupt kommen?«

Widerstrebend stimmte ich zu, aber ich warf den Brief nicht fort. Stattdessen heftete ich ihn an meine Pinnwand und blickte immer wieder darauf, wenn ich etwas zum Träumen brauchte. Jedes Mal, wenn ich auf die Einladung schaute, hörte ich meinen schottischen Vater sagen: »Irgendwann in deinem Leben, Joan, musst du nach Iona fahren.« Sicherlich hätte ich eine Einladung für einen x-beliebigen Ort in Schottland bekommen können, aber die Tatsache, dass ich an genau den Ort eingeladen wurde, den mein Vater mir so ans Herz gelegt hatte, schien mir doch mehr als purer Zufall zu sein. Insgeheim hoffte ich auf weitere Zeichen, dass diese Gelegenheit nicht an mir vorübergehen würde – schließlich hatte ich Tausende Meilen angesammelt, die für die Flugkosten ausreichen würden, und dann war da auch diese Nonne, die mich gedrängt hatte, spirituelle Pfade einzuschlagen. Das einzige Hindernis war meine Mutter, die, wenngleich sie jetzt in ihrem Haus mit einer Hilfskraft zurechtkam, doch das Leben einer Einsiedlerin führte. Aber dann löste sich auch diese Ausrede auf!

Ganz unerwartet erhielt sie eine Einladung zu einer Cocktailparty in der einzigen Einrichtung für betreutes Wohnen, die sie je in Erwägung ziehen würde. Da sie die Einladung zu kostenlosem Essen und Trinken niemals ausschlägt, nahm sie teil, und das Ganze stellte sich als sehr beeindruckend heraus. Sie kam völlig begeistert nach Hause, und ich verspürte zum ersten Mal eine gewisse Hoffnung in Bezug auf ihre Lebenssituation. Am nächsten Tag rief mich die Verwalterin der Einrichtung an und sagte mir, das beste Zimmer des Hauses sei frei, und meine Mutter könne es einen Monat lang ausprobieren. Das war wohl das letzte Zeichen, das ich brauchte.

Daher verspürte ich vor ein paar Stunden, nachdem ich Robin meine Pläne dargelegt und Mrs MacDonald per E-Mail mitgeteilt hatte, dass ich ihr Cottage gerne nutzen würde, einen regelrechten Energiestoß, da ich mir das beste aller Geburtstagsgeschenke gemacht hatte. Und so bin ich von Jubel erfüllt, als ich auf den Parkplatz des Restaurants schlittere – Schneesturm hin oder her, jetzt wird gefeiert. Nach einem kurzen Blick durch den Speiseraum entdecke ich meine Freundinnen an einem Ecktisch, dessen Stühle alle mit Luftballons geschmückt sind. »Ihr Verrückten«, sage ich, eile auf sie zu und drücke ihnen einen Kuss auf die Wange. »Das wär doch nicht nötig gewesen, aber ich bin froh, dass ihr es getan habt.«

»Wir haben einen sehr passenden Wein bestellt, wie wir finden«, sagt Susan und kann es kaum erwarten, mir das Etikett zu zeigen, nachdem sie mir eingeschenkt hat.

Ich setze meine Brille auf und halte die Flasche ans Licht. »Entkorkte Diven – Für süffelnde Schwestern«, lese ich. »Wie ungeheuer passend.«

Beide sehen müde aus, Ro mehr als Susan.

»Wie geht's dem Baby?«, frage ich. Die Ringe unter ihren Augen deuten auf schlaflose Nächte hin.

»Dem Baby geht's gut. Hannah, die Zweijährige, macht

Probleme. Sie fordert viel Aufmerksamkeit. Wir holen sie für eine Woche aufs Cape, damit ihre Eltern ein bisschen Ruhe bekommen.«

»Mitten im Winter?«, staunt Susan. »Was willst du denn mit ihr anfangen? Ich hatte es schon schwer genug mit Jazz im Oktober, aber da konnten wir wenigstens an den Strand gehen.«

Ich habe Mitgefühl mit meinen Freundinnen, halte aber den Mund. Sie hatten bisher nie verstanden, wie anstrengend die Sommer sind, wenn alle zu Besuch kommen.

Die Kellnerin kommt mit einer Platte brutzelnder Artischockenherzen, gefüllt mit Gorgonzola.

»Hmmm! Lecker«, sage ich, lange zu und genieße den warmen Käsegeschmack.

»Wir haben schon vorgegriffen und eine Art Tapas-Menü bestellt«, sagt Ro, »damit wir nicht ewig über der Speisekarte brüten müssen.«

»Ihr denkt auch an alles«, sage ich. »Es ist so nett, wenn sich mal jemand um einen kümmert.« Ich lehne mich zurück und trinke von meinem Wein, als der Unterhalter des Abends, ein Folksänger, um allgemeine Aufmerksamkeit bittet.

»Dort drüben in der Ecke sitzt eine Frau«, sagt er und deutet auf mich, »der ich meinen nächsten Song widme – ein altes Lied der Beatles aus dem Sgt.-Pepper-Album.«

»Vielen Dank«, flüstere ich Ro zu, mit einem Hauch Sarkasmus in der Stimme, als er den McCartney-Song »When I'm Sixty-Four« zu singen beginnt. »Jetzt wissen alle, wie alt ich bin, ob ich will oder nicht.« Trotzdem fällt es schwer, sich nicht zu der Melodie zu wiegen, während andere mit dem Fuß wippen und stumm den Text mitsingen.

Wie bin ich überhaupt vierundsechzig geworden?, frage ich mich mit Tränen in den Augen. Vor zehn Jahren am South Beach begann ich mir ernsthaft Rechenschaft über meine fünfeinhalb Jahrzehnte abzulegen, und die gute Nachricht ist, dass sich mein Leben nach wie vor entfaltet. Mehr noch, mir bleibt Zeit, mich weiterzuentwickeln und besser zu werden. Ich komme in die Gegenwart zurück, lausche dem Text, der von einer erhofften Zukunft spricht, und dann ist der Song zu Ende. Ich werfe Ro, die für diese musikalische Geste verantwortlich ist, einen Luftkuss zu.

»Also, wie fühlt man sich, wenn man vierundsechzig ist?«, fragt sie.

»Ich bin erstaunt, hier zu sein, aber ich fühle mich wie vierzig, nicht wie sechzig. Ich weiß nur, dass ich von jetzt an zielgerichteter sein möchte. Das letzte Jahrzehnt ist viel zu verschwommen. Obwohl es ein Wirbelwind war und einige erstaunliche Dinge geschehen sind, war es irgendwie surreal. Wisst ihr, was ich meine?«

Sie nicken beide, vor allem Susan. »Da ich bisher nie richtig verliebt war, bete ich ständig darum, jeden flüchtigen Augenblick auch wirklich zu genießen. Es ist zu schön, um wahr zu sein, versteht ihr, was ich meine? Simi und ich sind so dankbar für jeden Augenblick, aber wir wünschten, wir könnten die Uhr zurückstellen.«

»Du bist auf einer zweiten Reise«, sage ich.

»Häh?«, macht Susan. »Was soll das sein?«

»Du greifst mitten in der Fahrt nach dem Leben«, erkläre ich. »Zweite Reisen werden einem für gewöhnlich aufgedrängt. Sie können tragisch oder wunderbar verlaufen. Bei deiner trifft sicherlich Letzteres zu.«

»Und ob«, unterbricht Ro, als die Kellnerin den nächsten Gang bringt, eine Platte Venusmuscheln.

»Aber die ganze Instandhaltung muss doch anstrengend sein – du weißt schon, diese Maniküren, Pediküren, sich das Haar in einem schicken Bostoner Salon machen zu lassen. Gott, ich weiß gar nicht mehr, wie das war, ein Rendezvous zu haben«, sage ich. »Wie steht es mit dir, Ro? Erinnerst du dich daran?«

Sie schüttelt den Kopf.

»Weißt du, wir sind bloß total neidisch«, sage ich und springe Susan bei.

»Wie wär's, wenn du deine Geschenke öffnest?«, schlägt sie vor, um von sich abzulenken. Sie reicht mir eine Schachtel, an deren Schleife Muscheln baumeln. »Da du Fisch bist, konnte ich nicht widerstehen.« In der Schachtel befindet sich eine große Flasche Körpermilch mit dem Namen Ebbe.

»Vielen Dank, aber ich habe das Gefühl, dass das Wasser wieder aufläuft und ich in Bewegung bin.«

»Wirklich?«, fragt Ro mit leisem Argwohn, da sie solche Sprüche schon zu oft gehört hat.

»Ich hab dir ja schon gesagt, dass du anders aussiehst«, meint Susan, »entspannter und ohne die gerunzelte Stirn.«

»Das liegt daran, dass ich für mich eine Entscheidung getroffen habe.«

»Und die wäre?« Ro will immer noch etwas Konkretes aus meinem Mund hören.

»Mich von dem ganzen Wirrwarr zu befreien – von Menschen, Aktivitäten und Verantwortungen. Schluss mit allem, wofür ich mich nur halbherzig engagiere. Wenn ich nicht voll bei der Sache bin und mich gut dabei fühle, fällt das weg.«

»Aber hoffentlich nicht unsere Freundschaft«, rügt Ro.

»Absolut nicht, doch es freut mich, euch mitteilen zu können, dass ich aus dem Gremium ausgetreten bin, über das ich mich dauernd beschwert habe. Außerdem habe ich all meine Workshops bis auf Weiteres abgesagt.«

»Das ist nicht wahr!«, ruft Susan mit echter Überraschung. »Du hast es zwar seit Jahren angedroht, aber ich hätte nie geglaubt, dass du es tatsächlich wahr machen würdest.«

»Schau auf meine Webseite – keine Veranstaltungen, keine Workshops. Und ich habe gestern sogar meiner Sekretärin gekündigt.«

Sie sind sprachlos.

»Weil ich nämlich in zwei Wochen nach Iona aufbrechen werde.«

»Wohin?« fragen sie unisono.

»Auf eine Insel der Hebriden – vor der Küste von Schottland.«

»Was willst du denn da?«, fragt Susan vollkommen verblüfft. »Ich meine, solltest du nicht in ein Wellnesshotel fahren oder auf eine tropische Insel, wo du dich verwöhnen lassen kannst?«

»Ich weiß, es klingt seltsam, aber ich bin Schottin, vergesst das nicht, und mein Vater hat mir ans Herz gelegt, irgendwann nach Iona zu fahren. Mir ist, als wäre ich gerufen worden.«

»Du fängst doch jetzt nicht etwa an zu spinnen, oder?«, witzelt Susan und verdreht die Augen. »Warum ausgerechnet dorthin, und warum jetzt?«

Ich erzähle ihnen von der unerwarteten Einladung von Mrs MacDonald und der Korrespondenz mit den Nonnen.

»Ich bin ganz wild darauf, wieder auf eine Entdeckungsreise zu gehen – seit Jahren habe ich kein Abenteuer mehr erlebt. Außerdem kommt es mir richtig vor, Verbindung zu meinen Ursprüngen aufzunehmen. Ich habe ein paar erstaunliche CDs mit keltischer Musik gekauft und höre mir immer wieder einen bestimmten Song an. Irgendwie erklärt er den Ruf, den ich empfangen habe. ‹Hast du vergessen, wer du bist? Bist du so weit gereist? Keine Spur uralter Geschichte, aber die Tragödie des Steins, der allein steht.›«

»Tja, für mich wäre das nichts«, sagt Ro, »aber ich kann verstehen, welche Anziehung das auf dich ausübt, weil es mich so sehr nach Italien zieht. Die eine Reise, die ich dorthin gemacht habe, brachte etwas in mir zum Vorschein, von dem ich keine Ahnung hatte. Meine Hände redeten wie ihre – ich konnte in den Augen von Fremden meine Tanten und Onkel erkennen. Ich wünschte immer noch, ich würde die Sprache besser beherrschen, mehr darüber wissen, was in ihnen vorgeht – mehr von meiner Urgroßmutter in mir haben.«

»Das meinst du also mit dem Ruf?«, fragt Susan.

»Ich begreife es als eine Sehnsucht, tiefer zu gehen«, erkläre ich. »Die vertrauten alltäglichen Botschaften reichen nicht mehr aus. Ich glaube, viele von uns müssen sich auf die Suche nach ihrer Geschichte machen. Die klassische Nummer – der Held geht auf eine Suche, um innere Stärke zu gewinnen. Odysseus stand am Ufer von Ithaka und nahm die süßen Düfte der Heimat wahr, aber erst nach einer qualvollen Reise, die ihn von Troja fortgeführt hatte. Mit vierundsechzig fängt mein Leben gerade an, und ich muss mich einmal mehr vom Vorhersehbaren entfernen.«

»Dies über alles, sei dir selber treu«, sagt Ro.

»Das Motto des Anderson-Clans lautet ‹Stand Sure› – Wanke nicht. Ich hoffe, Iona wird mich ein für alle Mal erden.«

Während uns ein Gericht nach dem anderen gebracht wird, denke ich darüber nach, wie sehr ich diese Frauen liebe. Übergangslos können wir uns von Klatsch und Tratsch zum Jammern über unsere Lebensumstände bewegen, um uns dann in irgendeine Idee zu vertiefen, die uns etwas bringt, die wir mitnehmen und im Herzen bewegen können. Gemeinsame Kontemplation, wie ich diese Sitzungen nenne, fördert stets ein Mindestmaß an dringend benötigtem Realitätssinn zutage. Aufgrund unserer Leidenschaft fürs Leben wie auch unserer Freundschaft sind wir nach wie vor fähig, uns gegenseitig aus der Mittelmäßigkeit herauszuholen.

»Ich glaube, für heute sollten wir Schluss machen«, sagt Susan, nachdem der letzte Gang abgeräumt worden ist.

»Herzlichen Glückwunsch zum Geburtstag, liebe Freundin«, sagt Ro.

Gestärkt durch die Wärme unserer Freundschaft, treten wir hinaus in die stürmische Kälte. Während ich nach Hause krieche, können die Scheibenwischer die riesigen Schneeflocken kaum bewältigen. Es gibt Ereignisse und Beziehungen, die sich überlebt haben – wir müssen sie feiern und dann loslassen –, und es gibt die ungelebten Erfahrungen, nach denen wir suchen müssen, die wir willkommen heißen und in die wir uns einleben müssen. Mag sein, dass ich die Straße nicht erkennen kann, doch meine unmittelbare Zukunft liegt deutlich vor mir.

Reisen auf uralten Straßen

Ende März

Wir sind keine menschlichen Wesen,
die eine spirituelle Reise machen ...
wir sind spirituelle Wesen,
die eine menschliche Reise machen.

Pierre Teilhard de Chardin

Das Pfeifsignal der Fähre schreckt mich auf, und dann packt mich pure Erregung, als das schwere Schiff vom Kai ablegt und das Küstenstädtchen Oban zu einem Punkt in der Ferne wird. Ich stehe an der Reling, atme tief durch und hoffe, einiges von der Elsternmagie in mich aufzunehmen, welche die Inseln durchdringt, auf die wir zusteuern. Eine leichte Dünung besänftigt alle Beklommenheit, die ich mit an Bord gebracht haben könnte, und eine Zeit lang gebe ich mich damit zufrieden, einfach nur die Landschaft zu betrachten – ein hoher weißer Leuchtturm, der den großen Hafen bewacht, eine schöne mittelalterliche, mit Moos bedeckte Burg, eine Seehundherde, die im Kielwasser der Fähre tanzt. Ich setze zur Geborgenheit über, so kommt es mir wenigstens vor, bin unterwegs nach Iona, um zu einer Art Vagabundin zu werden, zu tun, was Robert Frost vorschlug, und den weniger begangenen Weg einzuschlagen.

Kaum jemand fährt nach Iona, stelle ich zu meiner Freude fest, weil es so verdammt schwierig ist, dorthinzukommen. Meine Reise über fast fünftausend Kilometer begann vor sechsunddreißig Stunden. Ich nahm den Nachtflug nach London, dann einen kürzeren nach Glasgow, fuhr anschließend drei Stunden mit dem Zug in die Highlands, übernachtete in Oban und bestieg an diesem Nachmittag die Fähre. Jetzt habe ich endlich das Gefühl, dass die eigentliche Reise begonnen hat. Der schwerste Teil liegt hinter mir – mich loszueisen, die Entscheidung zu treffen, überhaupt ein solches Wagnis einzugehen, und mich selbst davon zu überzeugen, dass ich nicht maßlos bin. So müssen sich die Frauen fühlen, die an meinen Wochenendworkshops teilnehmen. Viele von ihnen kommen von weither und sind aufgeregt und beklommen zugleich, wunderbar frei und nervös wegen der unbekannten Schritte, die sie unternehmen werden. In Anbetracht der vielen Vorbereitungen ist diese Fahrt zur Insel Mull zu kurz – nur anderthalb Stunden, kaum Zeit genug, Druck abzulassen, das Tempo zu drosseln und vom hektischen Gewusel des Festlandes auf die Gelassenheit des Insellebens umzuschalten. Ich setze mich auf einen Deckstuhl und lasse mich vom Schiff in Jenseitigkeit schaukeln, denn diese Reise soll mich aus meinem Kopf hinaus und in mein Herz hineinbringen. Ich möchte, dass der zweite Teil meines Lebens ebenso bedeutsam ist wie der erste.

Joan Erikson hat mich als Erste erkennen lassen, wie wertvoll es ist, ausgetretene Pfade zu verlassen, wenn man auf der Suche nach neuer Ausrichtung und spiritueller Wiederbelebung ist. Genau das tat sie, als sie nach Europa ausriss, um dort Isadora Duncan zu finden. So etwas wie Ausdruckstanz gab es zu der Zeit in Amerika nicht, doch sie wusste, dass sich ihr Körper noch auf ganz andere Weise ausdrücken konnte als in der vom klassischen Ballett vorgeschriebenen. Und daher verkaufte sie, einer inneren Stimme folgend, den größten Teil ihrer Habseligkeiten, erstand eine Dampfschiffkarte und ging auf die Suche nach etwas, das ihre Seele ansprechen würde.

»Vom Leben zu lernen ist viel förderlicher als aus einem Buch«, pflegte sie zu sagen, »weil man in Aktion tritt. Aktion ruft Reaktion wie auch Veränderung hervor.« Joans unkonventionelle Art spornt mich an, während ich mich bereit mache, über eine Schwelle zu treten. Und Iona, verborgen am Rande der Welt, ist der perfekte Ort für eine Pilgerfahrt. Ich fühle mich, als hätte man mich dorthin gerufen, wo ich Klarheit und Verwandlung finden kann.

Während die Maschinen stampfen und wir uns durch kabbeliges Wasser pflügen, bekomme ich Lust auf eine Tasse Kaffee und begebe mich in die Snackbar, in der eine beachtliche Menge Leute ansteht. Schon spüre ich eine Veränderung in mir. Zu Hause machen mich Schlangen im Supermarkt, in der Post oder am Flugplatz meist vollkommen fertig. Aber heute genieße ich die Gespräche, die Eigenarten und die Menschen um mich herum. Sobald ich einen Fuß auf schottischen Boden setzte, fühlte ich mich, als wäre ich nach Hause gekommen: meine rötliche Hautfarbe, mein rundes Gesicht, meine Lebenslust und Eigenwilligkeit sind Charakteristika der Highlander, die mich umgeben. Am Flugplatz waren viele Schotten im Kilt, um zehn Uhr morgens bereits ein wenig angetrunken und auf dem Weg zu einem Fußballspiel in Irland. Der einsame Dudelsackpfeifer, der für sie aufspielte, rührte mich zu Tränen, weil ich meinen Vater in vielen dieser Männergesichter wiedererkannte. »Festhalten an der Vergangenheit ist keine Pflicht«, sagte Oliver Wendell Holmes, »sondern nur eine Notwendigkeit.« Das Leben ist zu schwierig, als dass man überleben könnte, ohne die eigenen Vorfahren zu achten, ohne diejenigen, die vor mir kamen, zu ehren und von ihnen zu lernen, während ich gleichzeitig versuche, die Erbfaktoren aufzurüsten.

Ich bestelle einen Kaffee und ein Scone und ziehe mich auf einen Platz am Fenster zurück, um weiter aufs Meer zu schauen und keinen Augenblick zu verpassen. Es macht Spaß, an einem Ort zu sein, an dem nichts von einem erwartet wird. Die Menschen um mich herum zu beeindrucken, ist gar nicht nötig, und schon allein deshalb kann ich mich entspannen. In diesem fremden Land kann ich alle Ansprüche anderer beiseiteschieben. Hier muss ich niemandem entgegenkommen und habe keine Verpflichtungen, außer mich an Fähren- und Busfahrpläne zu halten. Ich bin halb um die Welt gereist, um ungebunden zu sein, und es fühlt sich göttlich an. Kein Schwimmen gegen den Strom mehr. Stattdessen werde ich mich treiben lassen.

Ich betrachte meine Mitreisenden und überlege, warum sie wohl auf dieser Fähre sind. Die Schar Kinder, die sich um die Snackbar drängt, will sicher nach Tobermory – seit Kurzem beliebt wegen einer gleichnamigen Kinderserie der BBC. Dann ist da ein hübsches junges, befangenes Mädchen, vermutlich eine Studentin, eine weitere attraktive Frau in den Zwanzigern, die ihren Freund bewundernd anschaut, mehrere müde wirkende Schwangere und eine Mutter mit Zwillingen im Kinderwagen. Unwillkürlich bin ich erleichtert, dass diese Phasen meines Lebens hinter mir liegen – so erfüllend sie auch waren, es ist an der Zeit, für mich da zu sein. Es strengt mich an, mir klar zu machen, wie viel ich erlebt habe und wie sehr dieses vergangene Leben bestimmt hat, wer ich jetzt bin. Ich lehne den Kopf zurück, während die Fähre weiter durch das tiefgrüne Wasser stampft.

In dem Moment kommt eine junge Holländerin zu mir und schreckt mich mit den Worten auf: »Sie müssen auf dem Weg nach Iona sein.«

»Stimmt. Wie haben Sie das erraten?«, frage ich.

»Aufgrund des Aufklebers auf Ihrem Gepäck«, antwortet sie und zeigt auf meinen Rucksack und den Spruch »Unvollendete Frau«. »Iona ist das Ziel vieler von uns, die auf der Suche nach der Göttin sind. Das ist eine sehr feminine Insel, wissen Sie.«

Die Vorstellung, dass Iona feminin ist, fasziniert mich und fügt dem, warum ich gerufen wurde, eine weitere Bedeutung hinzu. In letzter Zeit hat meine maskuline Seite fast die Oberhand gewonnen – fahren, vorantreiben, erledigen, durchführen. Ich glaube, ich habe mich nach Ausgewogenheit gesehnt – wieder ruhiger, innerlicher, sanfter, einfacher, einladender und empfangender zu sein. Wie May Sarton schrieb:

Nun komme ich zu mir. Es hat
Zeit gebraucht, viele Jahre und Orte;

Ich wurde aufgelöst und durchgeschüttelt,
Trug die Gesichter anderer Menschen,
Lief wie wild, als wäre da Zeit,
Schrecklich alt, schreie ich eine Warnung …

Eine selbst auferlegte Pilgerfahrt ist eine Suche, wie Joseph
Campbell meinte, bei der man nicht weiß, wonach man sucht,
sich jedoch eingestanden hat, dass man nach etwas sucht.
»Wenn man bereit ist, werden sich Türen öffnen, wo keine
Türen waren, und es werden Helfer wie auch schwierige Prü-
fungen kommen.« Denn eines ist gewiss – nichts geschieht
rein zufällig.

Campbell betonte, dass der Pilger etwas aufgeben muss,
um etwas zu bekommen, daher befolgte ich die Regeln für
eine erfolgreiche Pilgerfahrt, und gab vor meinem Aufbruch
von zu Hause die Projekte auf, die mich so sehr belasteten.
Ich ließ meine Kinder los, überließ meine Mutter dem betreuten Wohnen und vertraute darauf, dass mein Mann für meine
Suche Verständnis haben würde. Alle kritisierten an mir herum, ließen mir keine Ruhe wegen meines Lebensrhythmus,
meiner hektischen Zeitpläne und des erhöhten Blutdrucks.
Aber ich wusste, dass es nur ein Teil des Problems war. Der
andere Teil war nach wie vor unbekannt. Mir war nicht wohl
dabei, mit meinem Leben weiterzumachen, ohne tiefer hin-
abzugehen. Wie mit einem Stein im Schuh, wurde ich ständig
daran erinnert, dass ich diesen Ort des Friedens noch nicht
erreicht hatte, an dem ich eine natürliche Energie besitzen
würde, die von innen ausströmt, nicht die Energie, die sich
aus schierer Anstrengung und Willenskraft ableitet.

Meine Stärken zu kennen – diese Erikson'schen Tugenden
wie Hoffnung, Wille, Zielbewusstheit, Kompetenz, Treue und
Liebe, die durch das Lösen von Konflikten entstehen –, war
das eine. Aber ich sehnte mich nach jenen Eigenschaften, die
man nicht durch Kampf erlangt, immateriellen Werten wie

pure Freude, Leidenschaft, Verletzlichkeit, innere Zufriedenheit, Seelenfrieden. In meinem Alltag gab es längst nicht genug seelenvolle Momente, und ich wusste, dass ich in dem riesigen Ödland meiner äußeren Welt feststecken würde, wenn ich nichts unternahm.

Kurzum, ich spürte, dass da noch mehr zu erreichen war, dass, wie Henry Miller meinte »jeder Mensch seine eigene Bestimmung hat … das einzige Gebot lautet, ihr zu folgen, sie anzunehmen, egal, wohin das führt«.

Vor Kurzem sprach mich ein vierundvierzigjähriger Mann nach einem meiner Vorträge an, in dem ich über den Unterschied zwischen Wichtigkeit und Erfolg gesprochen und angeführt hatte, Zielbewusstheit sei wichtiger als Macht. Er war Direktor seiner eigenen Firma und hatte offenbar alles erreicht, doch seine Mutter war vor drei Wochen gestorben, und ihr Tod hatte in ihm eine Leere hinterlassen. Plötzlich suchte er nach mehr als Erfolg und Macht. »Wie kann ich das bekommen?«, fragte er und wischte sich Tränen aus den Augen.

Durch inneres Wissen, wollte ich sagen, aber das hätte kaum etwas erklärt. Wie kehrt man das ständige Vorwärtsdrängen auf der Suche nach Erfolg um und richtet seine Aufmerksamkeit wieder auf ein aktives Innenleben? Leider gibt es keinen direkten Weg, der uns zu den intuitiven, instinktiven und spirituellen Orten in uns führt. Ich hatte keine Antwort für diesen Mann, weil ich selbst gerade erst begann, meine Aufmerksamkeit nach innen zu richten.

Also orientierte ich mich einfach an den Worten von C. G. Jung: »Für Menschen über dreißig sind alle Probleme eher spirituell als psychologisch«, sagte ich. »Obwohl man ganz stark mit äußeren Zielen beschäftigt ist, wird man das, worauf es wirklich ankommt, nur bewältigen können, wenn man innehält, das Profane hinter sich lässt und die Trauer verarbeitet, die mit jeder Veränderung einhergeht.«

Und genau das habe ich vor. Gerade ist der Pfeifton der Fähre erklungen, der unsere Ankunft in dem Ort Craignure auf der Insel Mull ankündigt. Ich eile zum Bug, möchte den Bleistiftstrich der Küste entdecken, sobald er aus dem Nebel auftaucht. Es scheint ein paar kleine Häuser zu geben und einen ziemlich großen Kai. Ansonsten kommen nur cabernet-farbene Moore und Berge in Sicht.

Mit dem Gefühl, bereits nach Avalon übergesetzt zu haben, greife ich nach meinem Gepäck, mache mich zur Gangway auf und folge den anderen Passagieren auf den Kai. Ein rascher Blick über die Schulter auf die Geschäftigkeit, die ich hinter mir gelassen habe, reicht aus, um mich von allem zu verabschieden – und ich spreche das sogar laut aus: von Handys, E-Mails, Zeitungen und anderen Medien und vor allem von Menschen, die größtenteils wohlwollend sind, von denen sich aber kaum jemand auf diesem sehr eigentümlichen Pfad befindet, den ich gewählt habe.

Ich gehe zu den Bussen, die bereitstehen, uns zu einem von zwei möglichen Zielorten zu bringen. Die Türen des Busses nach Tobermory sind weit geöffnet, aber der Bus nach Fionnphort und zur Fähre nach Iona ist abgesperrt, und kein Fahrer ist in Sicht.

»Da fahren wir erst später hin«, teilt mir ein Fahrkartenverkäufer mit. Was soll ich nur mehrere Stunden in einem so offensichtlich verschlafenen Nest anfangen? Ich beschließe, mir Rat bei einer freundlich wirkenden Frau zu holen, die an einem Stand ein paar Meter von der Fähre entfernt arbeitet.

»Aye, Sie wollen nach Iona?«, fragt sie in so starkem Dialekt, dass ich kaum ein Wort verstehe.

Ich nicke zustimmend.

»Tut mir leid. Da kaum jemand um diese Jahreszeit nach Iona will, fährt der Bus nur einmal, höchstens zweimal am Tag. Und warum wollen Sie da hin, wenn Sie die Frage erlauben?« Sie kann ihre Neugier nicht verbergen.

»Um zu schreiben«, antworte ich. »Ich bin Schriftstellerin.«

»Was Sie nicht sagen«, meint sie. Offensichtlich besteht ihre tägliche Unterhaltung aus Gesprächen mit den Touristen, die an ihren Stand kommen, um Postkarten, Wanderkarten und lokale Spezialitäten zu kaufen. »Auf Iona werden Sie Magie finden«, sagt sie.

Obwohl ich nicht unbedingt nach Magie suchte, hatte ich wohl insgeheim auf irgendein Zeichen gehofft, dass ich in der richtigen Richtung unterwegs bin. »Können Sie mir denn sagen, ob es noch eine andere Möglichkeit gibt, nach Fionnphort zu kommen?«

»Ich kann Iain McGinnis anrufen, wenn Sie wollen. Er hat einen Taxiservice. Könnte Sie allerdings mehr als einen Ha'penny kosten«, witzelt sie. »Ich lauf schnell zu meinem Haus und ruf ihn an. Würden Sie solange auf den Stand aufpassen?«

Ich trete auf die andere Seite ihres kleinen Unterstandes und warte auf Kunden, während ich der Fähre nachblicke, die jetzt dorthin zurückkehren wird, woher sie gekommen ist. Als sie vom Kai ablegt, empfinde ich Frieden – oder ist es Freiheit? – darüber, dass ich allein bin und niemand mein Denken oder Handeln stören kann. Ein guter Anfang für eine Pilgerreise, denke ich.

»Er wird gleich da sein«, verkündet meine neue Freundin ein paar Minuten später, stolz darauf, dass sie mein Problem so leicht lösen konnte. »Nehmen Sie sich eine Fleischpastete – ich lade Sie ein.«

Ich entscheide mich für eine Füllung aus Schweinehack und Zwiebeln und lasse mir die Pastete, die eine sehr leckere Kruste hat, schmecken, bis Augenblicke später ein winziger gelber Citroën vorfährt, aus dem Iain McGinnis aussteigt – ein rothaariger, strammer junger Mann in wollenen Knickerbockers und einem sehr abgetragen wirkenden Tweedjackett.

Er tippt sich an die fadenscheinige Mütze, schüttelt mir die Hand und lädt mein Gepäck in den Kofferraum. Ohne mich richtig von meiner neuen Freundin verabschieden zu können, sausen wir los, fahren schneller, als ich es mir je auf einer einspurigen Straße mit Gegenverkehr hätte vorstellen können.

»Auf dem Weg nach Iona?«, fragt er. »Werden Sie in der Abtei arbeiten?«

»Nein, ich will nur dorthin, um mich zu entspannen.«

»Da haben Sie sich einen guten Ort ausgesucht«, sagt er. »Es gibt nur etwa fünfzig Häuser, ein Hotel und ein gut besuchtes Pub – bleibt einem nicht viel anderes übrig, als hart zu arbeiten und am Ende des Tages ein oder zwei Gläser zu trinken.«

»Tatsächlich«, sage ich und frage mich, wie ich wohl drei Wochen in solcher Isolation überstehen werde.

»Sie nennen es I'shona – das ist Gälisch für gesegnete oder spirituelle Insel.«

»Tja, das klingt gut. Ich suche nach etwas Spirituellem – nur weiß ich nicht genau, wonach.«

»Aye. Am besten gehen Sie hinüber nach Westen zu den Steinen – der Strand ist voll davon. Sie müssen sie nur berühren, und Sie werden etwas spüren. Man sagt, das sei die Energie der Erde, eine Art magnetische Kraft.« Seine ruhige Überzeugung ist betörend.

»Nun ja, die Frau in Craignure sagte mir, auf Iona sei Magie. Vielleicht hat sie das damit gemeint?«

»Es gibt starke Energiepunkte«, erklärt er. »Ich bin auf der Insel gewandert. Wenn Sie nach Antworten suchen, werden Sie die in den Mooren finden. Nicht nur in den Steinen, sondern auch in der Luft. Ich glaube, die Druiden haben ihre Weisheit zurückgelassen – geflüsterte Anweisungen, sagt man.«

»Sie wissen aber viel«, sage ich.

»Bin dort geboren und aufgewachsen. Ich hab nicht viel für das Festland übrig.«

Ich finde seine Genügsamkeit seltsam für einen so jungen Menschen, da ich bisher nur zwei Frühstückspensionen, grasende Schafe und sonst gar nichts entdecken konnte. Wir halten kurz am Straßenrand, um einen Bus vorbeizulassen, und als wir weiterfahren, frage ich ihn, wie spät es ist.

»Viertel vor zwölf. Wir haben eine echte Chance, die Fähre zu erwischen, wenn es das ist, was Sie wissen wollten.« Er tritt aufs Gas und erhöht das Tempo, bremst hin und wieder, weil Kühe die Straße überqueren oder ein Schaf seine Lämmer zur Seite stupst. Bald biegen wir um eine große Kurve mit Blick auf einen winzigen Hafen, und ich entdecke die Fähre, auf die bereits Autos rollen, kurz dahinter folgen Fußgänger. Mit kreischenden Bremsen halten wir neben der Gangway, und nachdem ich ihm dreißig Pfund in die Hand gedrückt habe, laufe ich los, der letzte Passagier, der an Bord geht.

»Da haben Sie noch mal Glück gehabt, Lady«, teilt mir der Fährmann mit. »Das ist die letzte Fahrt heute. Wird wohl eine raue Überfahrt werden. Am besten, Sie suchen sich einen Sitzplatz.«

Ich hocke mich in die nächste Kabine, während das kleine, aber robuste Fährschiff sofort zu stampfen und schlingern beginnt. Gegen seinen Rat und aus Angst, seekrank zu werden, begebe ich mich in die frische Luft an Deck, während die kleine Fähre gegen die starke Strömung ankämpft. Wellen krachen über den Rumpf, und ich umklammere mit aller Kraft die Reling. Die Fahrt, die fünfzehn Minuten dauern soll, wird bei dieser stürmischen See doppelt so lange dauern. Wir müssen gegen die Tide steuern, um uns rückwärts zum Kai treiben zu lassen.

Die salzige Gischt durchnässt mich, doch das ist mir egal – meine Vorfreude wiegt Nässe und Unbequemlichkeit auf. Und dann höre ich die Ansage: »Die Fähre wird der Strömung am Kai nicht länger als zwei Minuten standhalten können. Sie sollten Ihr Gepäck einsammeln, aufs Unterdeck kommen und sich bereit machen, augenblicklich von Bord zu gehen. Achten Sie darauf, wohin Sie treten, der Kai könnte sehr rutschig sein.«

Ich gehe zur Treppe, die nicht mehr als eine Leiter ist, und zurück nach unten, bereit, von Bord zu springen. Gleich darauf mahlen die Maschinen, sobald der Kapitän den Motor in den Leerlauf schaltet, und dann sehe ich, wie die Gangway in die wogende See hinabgelassen wird. Ich renne, pflüge mich durch kniehohes Meerwasser, mein Koffer, meine Leggins und Wanderstiefel, alles ist durchnässt, aber egal – ich bin auf Iona. Während die Fähre ablegt, komme ich mir weder orientierungslos noch verlassen vor, sondern fühle mich seltsam zu Hause, obwohl niemand zu meiner Begrüßung erschienen ist. Ich steuere das einzige Hotel der Insel an, ein anspruchsloses Drei-Sterne-Etablissement, das eine schmale Kopfsteinstraße hinunter nur fünfhundert Schritt entfernt liegt. Direkt hinter der Tür des Hotels Argyll befindet sich eine Garderobe voller Regenjacken, ein Ständer mit Schirmen und Wanderstöcken und daneben, auf einem Tisch mit Gästebuch und einigen Broschüren, thront ein wunderschöner, handgeschnitzter Seehund. Er lächelt mich an – exakt das Geschöpf, das mich so viel gelehrt, das mir vor zehn Jahren zu Beginn meiner Reise Hinweise gegeben hat.

Ich lasse meinen Rucksack und Koffer stehen und trete an den Empfangstresen, auf dem sich eine Klingel befindet. Daneben klebt ein Zettel mit der Aufschrift »Laut klingeln« – genau dieselben Worte, die Joan Erikson für Besucher an ihrer Klingel angebracht hatte. Ich bin sprachlos über diese glückliche Fügung, zuerst auf den Seehund und dann auf das hier zu stoßen. Gleich darauf erscheint Daniel, der Besitzer. »Heute habe ich niemanden mit der Fähre erwartet«, sagt er. »Sind Sie darauf vorbereitet, ein paar Monate zu bleiben?«, witzelt er. »Sie könnten hier für immer gestrandet sein.«

»Eigentlich steht mir hier ein Haus zur Verfügung, ein

Stück die Straße hinunter, glaube ich. Eine Mrs MacDonald hat den Schlüssel bei Ihnen hinterlegt.«

»Oh, dann müssen Sie die Amerikanerin sein«, sagt er.

»Die bin ich«, erwidere ich. »Kann man in Ihrem Hotel auch zu Abend essen, wenn man kein Gast ist?«

»Selbstverständlich«, sagt er und setzt meinen Namen gleich für eine Woche auf die Reservierungsliste. »Hätten Sie gerne einen Tee, bis dieser schreckliche Regen nachlässt?«, fragt er.

»Das wäre wunderbar.« Ich nehme auf einem Sessel an einem mit Torf und Kohle beheizten Kaminfeuer Platz. Ich hatte mir bereits einen Plan zurechtgelegt, wollte sofort mit der Abtei anfangen und dann nach Norden zu einem Strand wandern, der für seine Heilwirkung bekannt ist. Aber das Wetter wird es nicht zulassen, also mache ich es mir auf dem Sessel bequem und schaue zu, wie das Hotelpersonal hin und her eilt, um sechs oder sieben Gästen einen späten Lunch zu servieren.

Gleich darauf kommt mein Tee, und wieder bin ich sprachlos. Die braun-schwarze Teekanne ist aus genau derselben Keramik wie die meiner Großmutter väterlicherseits. Sie muss sie aus der alten Heimat mitgebracht haben. Obwohl der Ausdruck »Zufälle gibt es nicht« viel zu häufig verwendet wird, habe ich unwillkürlich das Gefühl, dass es mir bestimmt war, hier und jetzt an diesen Ort zu kommen. Es gab zu viele Zeichen, die ich nicht mehr außer Acht lassen konnte. »Geh, wohin deine Gebete dich führen«, sagte der Theologe Frederick Buechner, und als ich meinen Tee eingieße und mehrere Zuckerwürfel hinzufüge, weiß ich, dass ich das getan habe.

Abbey Road

Anfang April

Ich habe entdeckt, dass man nicht unbedingt wissen muss, wonach man sucht – es reicht, zu wissen, dass man nach etwas sucht und es dringend finden muss. Es ist die Dringlichkeit, die sich ans Werk macht, und die Bereitschaft zu empfangen, die schließlich die Antworten findet.

Janine Pommy Vega

Graupel und Schnee prasseln an das Fenster meines kleinen Cottages. Der Wind ist so stürmisch, dass er mich weckt, und ich spähe hinaus. Die Narzissen, die der Insel gestern ein strahlendes Aussehen verliehen, sind alle vom Frost geknickt. Der Frühling ist eine Zeit des Übergangs – kann sich weder für das eine noch für das andere entscheiden, genau so, wie es mir im Moment ergeht. Ich spüre, dass ich wieder in einer Phase der Ebbe bin, bereit zu wachsen und mich auszudehnen, und doch von einer seltsamen Trägheit zurückgehalten werde.

Wenn ich tatsächlich metaphorisch nach Avalon übergesetzt habe, dann erklärt das, warum ich mich seit meiner Ankunft vor vier Tagen so betäubt fühle – fast wie in Trance – ein Gefühl, als sei ich aus einem tiefen Schlaf mit der Frage erwacht: Wo bin ich? Wie bin ich hierhergekommen? Was soll ich jetzt tun? Die letzte Frage beunruhigt mich am meisten. Es war das eine, den Sprung zu wagen, meine Taschen zu packen, ein Flugzeug zu besteigen und eigentlich nicht so genau zu wissen oder mich darum zu kümmern, wo ich landen könnte. Während dieses Teils des Abenteuers hatte ich das Gefühl, ein anderer hätte das Kommando übernommen. Aber nachdem ich jetzt hier bin, liegt es allein an mir, etwas Sinnvolles mit meiner Zeit anzufangen. Ich wollte daraus eine Art Pilgerfahrt machen, doch ich habe nicht die geringste Idee, wie so etwas ablaufen sollte, außer herumzuwandern und für die Launen dieses Ortes und seiner Menschen offen zu sein.

Auf dieser Insel gibt es keine Berge zu erklimmen, keine Ziele zu erreichen, keine geraden Pfade, denen man folgen könnte, und ich bleibe verwirrt. Gleichwohl hege ich die Hoffnung, dass die angeblich mächtige Energie von Iona mich zum Kern der Sache führen wird. Ich habe einen langen Weg auf mich genommen, um mein Leben zu ändern, und dieser ungewisse Zustand, in dem ich mich jetzt befinde, frustriert mich. Aber ich rufe mir ins Gedächtnis, dass es – ganz gleich, wo ich bin – keinen Zweck hat, auf eine Antwort zu drängen, genauso wenig wie die Engel anzuflehen oder zu beschwatzen. Außerdem fühle ich mich rundum wohl in diesem weiß getünchten Kleinbauerncottage.

Zuerst kam ich mir wie ein Eindringling vor – verdammt einsam, genau genommen allein gelassen in diesen Räumen ohne offizielle Begrüßung. Meine erste Reaktion war, mich sofort wieder in die Sicherheit des Argyll zu flüchten. Aber kaum hatte ich die Vorhänge zurückgezogen und den Teekessel aufgesetzt, fand ich alle möglichen Begrüßungen einer Gastgeberin, die, wie ich erfahren hatte, außerhalb der Saison selten auf der Insel weilt.

Das Cottage ist spärlich mit ausrangierten Möbeln eingerichtet, die offenbar aus ihrem Haus irgendwo auf dem Festland stammen. Es ist gemütlich, mit Küche und Wohnraum in einem, sowie zwei kleinen Schlafzimmern und einem winzigen Bad mit einer altmodischen Wanne auf Füßen. Die Wände sind getäfelt und in Senfgelb gestrichen, und es gibt einen emaillierten Küchentisch von etwa 1935, auf den meine Gastgeberin eine Flasche Portwein, mehrere Teesorten und eine halbe Flasche Single-Malt gestellt hat. Jede Menge Kienspäne, Kohle und Holz sind neben dem Kamin aufgeschichtet. Doch ich fühlte mich erst vollkommen zu Hause, als ich eine über den Sessel am Kamin drapierte Decke sah – ein Karoplaid, natürlich im Anderson-Tartan.

Wenngleich Mrs MacDonald und ich nie darüber gesprochen hatten, dass ich während meines Aufenthalts hier schreiben würde, war ein alter Kiefernholzschreibtisch vor ein rundes, an ein Bullauge erinnerndes Fenster gerückt worden. Sie hatte eine alte Blechdose mit frisch gespitzten Bleistiften gefüllt, mehrere Schreibblocks auf den Tisch gelegt, dazu einen Füllhalter mit Tintenfass, außerdem noch zahllose Werke von Keats und Wordsworth. Ich hatte das Gefühl, wenigstens ein Gedicht oder eine Kurzgeschichte zustande bringen zu müssen, solange ich hier war. »Willkommen Joan«, stand auf einem Zettel. »Ich wünsche Ihnen von Herzen, dass Iona Ihnen die Muse bereitstellt, die Sie brauchen, um zu erschaffen, was Ihnen bestimmt ist, während Sie auf dieser mystischen Insel weilen. Herzlichst Mary MacDonald.«

Trotzdem war es zunächst belebend, an einem so neuen und fremdartigen Ort zu sein, bis mir klar wurde, dass da niemand war, der mir den Weg zeigen würde. Ich hatte keinen offiziellen Reiseführer erwartet, der mich auf interessante Punkte und ausgeschilderte Pfade hinwies, hatte jedoch zumindest auf einen Vorschlag oder zwei in Mrs MacDonalds Begrüßungsschreiben gehofft. Der einzige Hinweis, den ich finden konnte, stand auf einem keltischen Wunsch, der an der Wand nahe der Tür hing, und ich übernahm ihn rasch als meine erste Anleitung.

> Die Nahrung der Erde sei die deine,
> die Klarheit des Lichts sei die deine,
> das Auf und Ab des Meeres sei das deine,
> der Schutz der Vorfahren sei der deine.

Nachdem nun die anfängliche Euphorie verflogen ist, muss ich herausfinden, wie ich in mein Inneres komme. Es heißt, Iona sei ein Geisteszustand, in den man allmählich hineingleitet, und ich hoffe, dass das zutrifft. Ich bin mir durchaus bewusst, dass spirituelle Wahrheiten schwer zu erlangen sind, und dass Erleuchtung einer längeren Zeit in echter Einsamkeit bedarf, aber mir bleiben nur noch zweieinhalb Wochen.

Außerdem fällt mir tiefgründiges Schweigen nicht leicht, obgleich ich davon überzeugt bin, dass mir Weisheit eher zufallen würde, wenn es mir nur gelänge, den Mund zu halten. Zu oft unterbreche ich bei Gesprächen den Redenden. Was nicht daran liegt, dass mir das, was er oder sie sagt, nicht gefällt, sondern weil ich von der Energie der Unterhaltung selbst davongetragen werde. Aber ich weiß, dass ich jedes Mal, wenn ich mich einmische und meine Gedanken denen eines anderen überstülpe, das total verändert und möglicherweise verwässert habe, was der Redende mir zu sagen versuchte. Daher bleibt Schweigen eine meiner großen Herausforderungen.

Den Buddhisten zufolge liegt das Ziel einer Pilgerfahrt darin, vollkommen in der Gegenwart zu sein – eine gute Idee, doch eine weitere Schwierigkeit für eine Frau, die zu Tagträumen über die Zukunft neigt, weil sie unmittelbare Antworten auf ihre Fragen bekommen möchte. Ich spüre, dass man das Verweilen in der Gegenwart nur durch Untätigkeit erreicht, noch eine Herausforderung, da ich es vorziehe, in Bewegung zu sein. Also sitze ich hier, blicke aus dem Fenster, sehe die Fähre an- und ablegen, versuche meine Gedanken aufzuzeichnen, die nicht kommen, und wenn alles andere versagt, gehe ich in das Pub an der Straße – ein öffentlicher Ort und der einzige, an dem ich mich willkommen fühle.

Gleichwohl gelobe ich mir, dass sich dieser Tag von den vergangenen drei abheben muss. Auch wenn die Sonne sich nicht entscheiden kann, ob sie die Insel erhellen oder hinter den drohenden Wolken bleiben will, bin ich entschlossen, meine Suche ernsthaft in Angriff zu nehmen.

Ich schaue nach der Uhr, doch dann fällt mir ein, dass es hier keine gibt – auch kein Radio und keine Zeitung. Noch so etwas, das befremdlich ist für eine vom Festland, deren Leben sich danach richtet, zu wissen, wie spät es ist, pünktlich zu sein, genug Zeit zu haben und natürlich – der Dämon aller Typ-A-Persönlichkeiten – sicher zu sein, das meiste aus ihrer Zeit herauszuholen. Hier weiß ich nur, dass die Sonne aufgegangen ist, die erste Fähre an- und wieder abgelegt hat, und wenn ich mich beeile, könnte ich es wohl zum Acht-Uhr-Gottesdienst in der Abtei schaffen. Also trete ich in den stürmischen Wind hinaus, den Schal um den Hals geschlungen, die Wollmütze bis fast über die Augen hinabgezogen, und eile die Hauptstraße entlang, während die große Glocke gerade zu läuten beginnt.

»Suchet, und ihr werdet finden«, heißt es in der Bibel, und daran halte ich mich, lege die knappe Meile zurück, um Zuflucht in der zugigen Steinkirche zu suchen, die sowohl ein historisches als auch friedvolles Gefühl vermittelt. Ich hocke mich in die allerletzte Reihe, betrachte die flackernden Kerzen in den hohen, schmiedeeisernen Kerzenständern, die im Mittelschiff verteilt stehen. Die karge Umgebung hat etwas Majestätisches – als schwebte tatsächlich eine Gottheit in den Dachsparren, zusammen mit dem Wind und den gurrenden Tauben. Ich hole tief Luft, dann noch mal, denn ich weiß, dass das englische Wort *spirit* – Geist – vom lateinischen *spirare* abgeleitet ist, was »atmen« bedeutet.

Obwohl ich hier vom Weltlichen abgelenkt werde, bewegt mich der Gottesdienst nicht sonderlich – heute hält ihn ein Engländer ab, der einen strengen Tonfall hat. Doch die Teile der Messe, die gesungen, nicht gesprochen werden, dringen in die fernsten Winkel meiner Empfindsamkeit, und ich tauche zum ersten Mal in die Möglichkeiten Ionas ein. Endlich fühle ich mich »aufgenommen« und gesegnet, dass diese Abtei wenigstens einen Zufluchtsort bietet – den Anfang oder zumindest die Hoffnung auf etwas Überweltlicheres, das noch folgt.

Nachdem der kurze Gottesdienst beendet ist, scheinen die Gemeindemitglieder es eilig zu haben, ihr Tagwerk fortzusetzen. Mit geschlossenen Augen bleibe ich auf meiner Bank sitzen, warte darauf, dass sich das Kirchenschiff leert und frage mich, was die Abtei außer den Gottesdiensten zu bieten hat. Ich habe meinen Geist zur Ruhe gebracht und mein Herz geöffnet, warum sollte ich nicht für das offen bleiben, was als Nächstes geschieht? Während sich die Kirche leert, lausche ich dem Wind, sogar dem Meer, und starre dabei auf eine einsam flackernde Kerze. Die Elemente arbeiten zusammen, finden einen gemeinsamen Rhythmus, und ich werde hineingezogen – halte nun meinen eigenen Gottesdienst ab –, mein Geist ist beschäftigt, während ich im Gleichklang mit Wind und Meer atme. Mir wird bewusst, dass ich von allen vier Elementen gehalten werde. Die mit Weihrauchduft erfüllte Luft durchdringt mich, die aus der Erde gebrochenen Steinwände bilden jetzt eine Kapsel, das über das Taufbecken tröpfelnde Wasser beruhigt, und die Flammen der Kerzen bieten Wärme. Meine Seele weitet sich, und ich versinke in einen zeitlosen Zustand.

Nach einer Weile erhebe ich mich und mache einen Erkundungsrundgang – nähere mich dem Altar, betrachte das aus dem berühmten grünen Marmor von Iona gearbeitete Kreuz, amüsiere mich über die grünen Ranken, die sich durch die Steine gezwängt haben, herabhängen und die Wände zu beiden Seiten des Chores schon fast bedecken. Und dann entdecke ich eine kleine Kapelle, genannt die Ruhige Ecke. Sie schließt an das Kirchenschiff an, liegt aber sehr versteckt – bestens geeignet für alle, die einen Rückzugsort suchen. Im Dämmerlicht sehe ich einen älteren Mann gebeugt in einer Ecke stehen, die Hände über einem Gehstock gefaltet. Rasch schlüpfe ich in die nächste Bank und gebe vor, ihn nicht zu bemerken, blicke stattdessen aus den beiden Fenstern, die aufs Meer hinausgehen, und schließe meine Augen.

Minuten später flüstert er: »Sie sind die Amerikanerin, nicht wahr?«

Verblüfft hebe ich den Kopf, ich wusste nicht, dass man meine Anwesenheit auf dieser Insel überhaupt bemerkt hatte.

»Das bin ich«, bestätige ich leise. »Ich hoffe, Sie halten mir das nicht vor?«

Er lächelt, das freundlichste Lächeln, das mir seit meiner Ankunft geschenkt wurde.

»Haben Sie gefunden, wonach Sie suchen?«, fragt er.

»Wie bitte?«, erwidere ich verdutzt. »Ich fürchte, ich habe mir zu viel vorgenommen«, flüstere ich, »und versuche in zu kurzer Zeit zu viel aus Ihrer Insel herauszuholen.«

»Seien Sie einfach ganz still«, sagt er, »wo immer Sie sind. Iona ist kein Utopia – so etwas gibt es nicht. Es ist alles hier«, sagt er und deutet auf sein Herz. Und mit dieser unverlangten Weisheit geht er zur Orgel, entfernt die Abdeckung, öffnet den Deckel und beginnt zu spielen. Diesen Klang hatte ich mir gewünscht – eine große Orgel, die diesen Raum ausfüllt, der in seiner Akustik sicherlich für gesungene Abendmessen und liturgische Instrumente geschaffen wurde. Ich lehne den Kopf zurück und höre zu, während er Bachs Fuge in d-Moll spielt, ohne auf irgendwelche Noten zu schauen. Daran schließt er mehrere anglikanische Choräle an, die ich kaum kenne, und während ich ihm beim Spielen zusehe, wird deutlich, dass er völlig in seine Musik versunken ist. Ich stehe auf und trete neben die Orgel, warte, bis er mit einem Stück von Vivaldi fertig ist, damit ich ihm danken kann.

»Beten Sie, aber erwarten Sie nichts«, warnt mich der alte Mann. »Ein paar Augenblicke vor einem Gemälde, ein Sonnenaufgang, oder auch nur das Anhören eines Streichquartetts wird Ihnen mehr geben, als Sie brauchen.«

Ich gehe hinaus in die Kälte; der Tag ist etwas freundlicher geworden. Da noch viele Stunden vor mir liegen, bevor ich schlafen gehe, und ich mich sehr angeregt fühle, beschließe ich, bei der Gemeindebuchhandlung haltzumachen. Sie hatte mich bereits angezogen, da ich hoffte, dort eventuell Anleitungen für eine Novizin zu finden, wie man eine Pilgerfahrt durchführt. Aber da ich herkam, um mich aus meinem Kopf zu entfernen und mehr in meinen Körper zu vertiefen, habe ich bisher der Verlockung widerstanden, Bücher zu kaufen, die nur zu weiterem Denken führen.

Bei meinem Eintritt werde ich von einer amerikanischen Freiwilligen begrüßt, die jedes Jahr zum Arbeiten nach Iona kommt. »Also haben wir eine weitere Amerikanerin unter uns«, sagt sie fröhlich. »Wir haben schon über Sie gesprochen. Anscheinend haben Sie ein Buch darüber geschrieben, wie Frauen sich selbst finden können. Und wonach suchen Sie nun hier?«

Wieder trifft es mich unvorbereitet. Wie sind solche Informationen zu dieser Fremden gelangt? Mir wird jetzt klar, dass sich auf einer Insel, die nicht mehr als hundert Einwohner hat, jede Neuigkeit schnell herumspricht. Alleinstehende Frauen, die in der regnerischen Jahreszeit eintreffen, fallen auf. Gewiss sind sie in der einen oder anderen Mission unterwegs.

»Sie wissen, wie das bei uns zu Hause ist«, sage ich zu dieser Fremden, die mir bereits wie eine Freundin vorkommt. »Tatsächlich mache ich eine Art Urlaub, und Iona stand schon immer auf meiner Wunschliste. Ich bin hergekommen, um all der Hektik, dem Krach und dem Hin und Her des Lebens zu Hause zu entfliehen. Mir wurde gesagt, ich würde hier mehr Ruhe und Nachdenklichkeit finden. Und wie sind Sie auf Iona gekommen?«, frage ich und genieße die Chance einer lebhaften Unterhaltung mit einer anderen Frau.

»Vor Jahren habe ich mit meinem Mann einen Tagesausflug hierher gemacht. Auf der Fähre von Mull lernte ich einen Mann kennen, der hier arbeitete. Er erzählte mir, es gebe jede Menge Jobs, wenn man nichts gegen das Gemeinschaftsleben hätte. Ich fand das ganz interessant, bis ich die Fähre verließ. Und da traf es mich wie ein Schlag. Hier wollte ich sein! Leider teilte mein Mann meine Begeisterung nicht. Doch ich konnte mir nicht vorstellen, wieder fortzugehen. Er fuhr weiter, und ich blieb den Sommer über.«

»Und die Ehe?«

»Oh, die ist längst vorbei. Iona half bei der Trennung«, sagt sie und lacht leise vor Vergnügen darüber, wie sich ihr Leben entwickelt hat. »Sie suchen ebenfalls nach etwas, das spüre ich«, hakt sie nach.

»Ja, aber ich kann es nicht richtig erklären.«

»Das macht nichts«, sagt sie. »Ich verstehe das. Aber wenn ich Ihnen etwas vorschlagen darf …«

»Gerne«, erwidere ich.

»Sie müssen unbedingt nach Dun-I. Das ist der höchste Punkt der Insel – was natürlich nicht viel bedeutet. Aber es ist ein heiliger Ort, von den Druiden dazu bestimmt. Bei Sonnenaufgang dort zu sein und aus dem sogenannten Teich des Heilens zu trinken, wird Ihren Blick auf alles verändern.«

Sie bemerkt meinen zweifelnden Ausdruck, geht an ein Bücherregal, nimmt ein 1910 erschienenes Buch heraus, blättert zu Seite 164 und liest mir in einer etwas altertümlich klingenden Sprache eine Beschreibung dessen vor, wovon sie gesprochen hat: »Zu diesem kleinen, schwarz-braunen Bergsee sind seit Hunderten von Jahren Pilger aller Generationen gekommen, um das heilende Wasser in dem Augenblick zu berühren, in dem die ersten Sonnenstrahlen es beseelen – aber auch in Abgeschiedenheit, denn alle, die den Jungbrunnen suchen, sind Träumer und Kinder des Traumes und nur wenige an der Zahl. Doch eine Insel des Traumes ist Iona in der Tat.«

»Gekauft«, womit ich sowohl das Buch als auch ihren Vorschlag meine.

»Aber Sie müssen vor Sonnenaufgang hinaufsteigen«, rät sie mir eindringlich.

Endlich habe ich das Gefühl, die Anweisung erhalten zu

haben, die ich mir von Iona erhofft hatte. »Man kann Gott (den Geist) nicht fern von der Menschheit finden«, sagte Gandhi, und ich merke, dass sich das hier bewahrheitet. Ich mache mich für ein großes schottisches Frühstück und eine angenehme Lesestunde auf den Weg zum Argyll.

Scheideweg

April

Der Sinneswandel ist nicht so sehr ein gedanklicher Sprung als ein tatsächlicher. Man muss wagen ... beherzt zu handeln, ohne absolute Sicherheit zu haben.

William Sloane Coffin

Es ist vier Uhr morgens, und der Wecker hat gerade geklingelt. Ich habe mir eine Uhr aus dem Argyll geliehen, um den Sonnenaufgang nicht zu verpassen, aber der Wind heult so stark vor meinem kleinen Fenster, dass ich Zweifel habe, ob ich überhaupt etwas erkennen werde. Bei näherem Hinschauen entdecke ich, dass es mit Eisblumen bedeckt ist. Bin ich denn vollkommen verrückt? Nur weil eine Frau, und dazu noch eine Amerikanerin, mir einen Vorschlag macht, brauche ich doch nicht darauf einzugehen. Doch egal, jetzt kann ich sowieso nicht mehr schlafen.

Ich greife nach meiner Seidenunterwäsche, ziehe einen Rollkragenpullover und eine Jogginghose darüber und nehme zur Sicherheit noch meinen wasserfesten Parka hinzu. Für eine Tasse Kaffee bleibt keine Zeit mehr. Die Sonne soll um Viertel nach fünf aufgehen, und ich habe nicht die geringste Ahnung, wie lange die Wanderung dauern wird. Ich weiß nur, dass der Weg direkt bergauf führt. Ausgerüstet mit schlammigen Wanderstiefeln, einer Taschenlampe und einem Wanderstab, gehe ich los, komme mir vollkommen töricht vor, als ich hinunter zu dem inzwischen vertrauen Kai und auf die schmale Straße zusteuere, die aus dem Ort hinausführt.

Nichtsdestotrotz hat dieses Wandern durch die Dunkelheit unter einem Sternenhimmel, der im Morgenlicht allmählich verblasst, etwas Magisches. Ich bewege mich langsam, kann vor mir kaum etwas erkennen, wedle den Nebel fort, bis ich an ein handgeschnitztes Schild komme, dessen Pfeil zum Dun-I weist. Ich schiebe das Gatter auf und finde mich Minuten später auf einer sumpfigen Weide zwischen langhaarigen Kühen wieder, die mich anstarren, und auseinanderstiebenden Schafen, die ihre Lämmer vor sich her treiben. Obwohl ich recht trittsicher bin, macht der Frühjahrsboden, zusammen mit dem schwachen, frühmorgendlichen Licht, dieses Unterfangen zu einer größeren Herausforderung, als ich angenommen hatte. In einer zerklüfteten, von Moos und Gras überwucherten Steinmauer direkt vor mir entdecke ich eine schmale Öffnung und nehme an, dass der Pfad irgendwohin führen wird. Trotz der Schafskötel und des fragwürdigen Geländes bin ich leicht beschwingt, etwas so absolut Neues auszuprobieren.

Es geht in der Tat nur bergauf, wie im Buch angekündigt, und bald atme ich schwer. Aber der körperlichen Anstrengung steht das Weichwerden entgegen, das ich innerlich verspüre, als würde ich auftauen und aus dieser Welt in eine andere aufsteigen. Der Himmel wird heller, und ich kann besser erahnen, wie weit ich noch bergauf gehen muss. Zweimal rutsche ich aus und bin mit Schlamm bedeckt, aber der Gipfel ist unverkennbar, nachdem ich einen großen Cairn erkenne, den Kletterer über die Jahre aufgeschichtet haben. Nach weiteren zwanzig Minuten erreiche ich diesen etwa sechs Meter hohen Steinaltar, der zweifellos in Ehrerbietung von all jenen errichtet wurde, die vor mir diese Wanderung unternommen haben. Ich lehne mich an diesen Schutzwall, richte meinen Blick auf das Schimmern, das der Sonne vorausgeht, und verspüre eine Stille, wie ich sie nie zuvor erlebt habe. Obwohl ich die Abtei gestern als Zufluchtsstätte empfunden habe, erkenne ich hier mit dem weiten Blick auf diese kleine erwachende Insel, dass eine Zufluchtsstätte nie nur ein Gebäude ist, und sei es noch so ehrwürdig, alt oder heilig. Genauer gesagt ist es ein Geisteszustand – ein Zustand des Seins.

»Es gibt solche Augenblicke, wenn die Seele Flügel bekommt«, schrieb Fiona MacLeod, eine der Ersten, die den Geist Ionas beschrieb und vor hundert Jahren genau an dieser

Stelle saß. »Sie erinnert sich an das, woran sie sich erinnern muss, liebt das Geliebte noch mehr, und fliegt da hin, wonach sie sich sehnt.«

Ich blicke auf die Welt unter mir – auf die erste Fähre, die gleich zur Überfahrt ablegen wird, die weißen Punkte der Schafe, hier und da der schwarze und braune Fleck einer Kuh, ein Fußgänger auf dem Weg zur Arbeit, die teilweise erleuchtete Abtei, wo das Frühstück vorbereitet wird – ein kleines, erwachendes Dorf wie vor hundert Jahren. Warum fällt es mir so schwer, mich an das Bedürfnis zu erinnern, gelegentlich einfach dazusitzen und zuzuschauen, wie sich die Zeit entfaltet?

Der Himmel ist jetzt blau, bis auf das Rotbraun, das hinter den Bergen von Mull hervorlugt. Mir bleibt noch etwas Zeit, den Teich mit dem heiligen Wasser zu finden, und ich wandere auf dem Hügel herum, blicke hier in eine Spalte und dort über einen Felsbrocken. Gerade als die Sonne über den Horizont späht, entdecke ich eine unscheinbare, halb unter Heidekraut verborgene Pfütze und knie mich rasch daneben, wölbe die Hände, um mir möglichst viel Wasser ins Gesicht zu spritzen. Mit nassem, tropfendem Gesicht schaue ich hinunter und erwarte, das Spiegelbild einer abgehärmten, müden Frau zu erblicken. Stattdessen halte ich ganz still, um sicherzugehen, dass der gelassene Ausdruck und das ungezwungene Lächeln, das ich dort sehe, wirklich zu mir gehören. In mir löst sich etwas, und ich beginne zu weinen – glückliche Tränen zunächst, dann die tiefer sitzenden, die ich seit Jahren zurückgehalten habe, da nie die passende Zeit war, emotional zu werden.

Nach einer Weile komme ich mir albern vor – wieso führe ich hier auf einem Berggipfel im Morgengrauen uralte Reinigungsrituale durch? Ich blicke mich um und vergewissere mich, dass mich niemand beobachtet. Ro und Susan würden bestimmt über meine versponnenen Bemühungen lachen.

Ich ziehe mich vom Rand zurück und lehne mich an einen Felsen, um diesen Ort und dieses Bild in mich aufzunehmen. Bald erkenne ich, dass dieser kleine Teich ein Dreieck ist – was für mich nicht von Bedeutung gewesen wäre, hätte ich nicht gewusst, dass die Kelten diese Form besonders verehrten. Sie betrachteten die Drei als die perfekte Zahl. Ich richte mich auf und nehme den Teich aus verschiedenen Blickwinkeln in Augenschein. Er erinnert mich an die dreifache Göttin – eine keltische Vorstellung von Frauen, die sich von der Jungfrau zur Mutter zum alten Weib entwickeln –, und dass auch ich zu so einer Frau geworden bin, welche die frühen Stadien des Lebens durchlaufen und daher viel zu bieten hat. Dieser Anblick meines Gesichtes, wiederbelebt in diesem symmetrischen Teich, ist ein Zeichen, dass ich mir Zeit nehmen muss, mich zu meinem Körper, meiner Seele und all meinen Erfahrungen zu bekennen; es ist höchste Zeit, mich selbst zu ehren.

Ich habe nie daran gedacht, mich zu feiern, vor allem nicht meinen Körper – nicht ein einziges Mal –, nicht nach dem ersten Sex, nicht nach der Geburt unserer Söhne, nicht nachdem ich sie großgezogen hatte, nicht nach den unzähligen Malen, in denen ich meine Arme ausstreckte, um andere zu trösten. Ich – die ich über die Wichtigkeit weiblicher Energie mit ihrer warmen Vitalität, ihrer Sehnsucht nach Ritualen, ihrem Verlangen nach Familie und ihrer enormen Fähigkeit, die Kultur aufrechtzuhalten, rede und schreibe – habe wegen meines ständigen Getriebenseins meine weibliche Substanz verloren. Ich bin geradewegs nach vorn geeilt, bin auf Ziele zugestürmt, die mir meist von anderen, an denen ich mich gemessen habe, gesetzt wurden. Als jemand mich vor Kurzem fragte, was mich bedrückt, konnte ich nicht darauf antworten, vor allem, weil ich mir nicht die Zeit nahm, der Frage auf den Grund zu gehen. Aber jetzt weiß ich, was in meinem Leben fehlt und was ich dringend wiederhaben möchte – eine

Integration meiner femininen und maskulinen Aspekte, wobei die einen die anderen nicht überlagern. Ich wünsche mir ein Gefühl des Gleichgewichts, das in meinem Innersten beginnt.

Ich verlasse den Berggipfel und bin dankbar dafür, an einem Ort gewesen zu sein, dessen Kultur die Stadien und Altersstufen des menschlichen Lebens ebenso ehrt wie den Lauf der Jahreszeiten. Die Kelten betrachteten die Erfahrungen einer Frau als heilig. Sie verunglimpften das Altern einer Frau nicht, sondern hielten es in Ehren. Ich habe jetzt einen flüchtigen Einblick in das gewonnen, was vor mir liegt, und, mehr noch, warum ich dazu getrieben war, überhaupt hierherzukommen.

Es wird Zeit, vom Berg herabzusteigen, und ich hüpfe fast, denn ich kann jetzt erkennen, wohin ich meine Füße setzen muss und wie der Pfad verläuft. In kürzester Zeit bin ich unten angekommen und gehe beschwingt auf den Ort zu, verlangsame meinen Schritt erst, als ich bemerke, dass im Iona Book Shop, einem winzigen Haus mit Stuckornamenten, das selten geöffnet hat, Licht brennt und eine Rauchfahne aus dem Schornstein steigt. Ich spähe durch das Fenster und entdecke einen Künstler bei der Arbeit. Das muss der bekannte Holzschnitzer sein, der auf keltische Kreuze spezialisiert ist. Ich klopfe ans Fenster, und er schaut von seiner Werkbank auf und winkt mich herein.

»Ich störe Sie doch hoffentlich nicht?«, frage ich und deute mit einem Nicken auf seine Arbeit. »Ich bin schon so oft vorbeigekommen und wollte mir Ihre Kreuze ansehen.« Das ziemlich große, an dem er schnitzt, ist eine Auftragsarbeit für eine Kirche irgendwo in England.

»Schauen Sie sich ruhig um«, meint er, und ich schlurfe durch Holzabfälle und gewellte Späne, steige über Sägemehlhaufen hinweg. An den Wänden, auf den Regalen und Simsen sind Kreuze in jeder Form und Größe ausgestellt – manche ganz schlicht, andere mit komplizierten Mustern, alle mit dem äußeren Ring, dem Kreis, der die Elemente zu stabilisieren und den vier Armen Stärke zu verleihen scheint.

»Warum haben keltische Kreuze immer diesen äußeren Ring?«, frage ich.

»Das ist der Ort, an dem die Gegensätze aufeinandertreffen«, erwidert er, ohne von seiner Arbeit aufzuschauen. »Eine andere Auslegung besagt, er verkörpere die Mutter – die Frau –, die alles zusammenhält.« Dabei lächelt er, und ich überlege, ob er das leicht sarkastisch meint oder an die Legenden über die Göttin glaubt. Da er so sanftmütig ist und kaum Modulation in der Stimme hat, lässt sich schwer sagen, ob dieser Mann Humor hat oder nicht.

»Um diese frühe Stunde bekommt man selten einen Wanderer zu sehen«, sagt er. »Sieht so aus, als wären Sie in den Matsch gefallen.«

»Das bleibt in dieser Gegend kaum aus.« Ich lache. »Und auf dem Weg hinauf auf den Dun-I blieb mir nicht viel anderes übrig. Was da als Pfad bezeichnet wird, ist eine regelrechte Schlammrutsche.«

»Das stimmt. Haben Sie den Ausblick genossen?«

»Und wie«, antworte ich. »Ich habe die gesamte Insel und dann auch noch den Sonnenaufgang gesehen.«

»Da, wo Sie waren – der Dun-I«, fährt er fort, »ist tatsächlich der Kreuzungspunkt der Insel – wie bei meinen Kreuzen. Es mag Ihnen nicht aufgefallen sein, dass die Insel aufgrund ihrer Länge und Breite dieselben Proportionen hat wie ein Kreuz – sie ist dreieinhalb Meilen lang und anderthalb Meilen breit – und Dun-I ist der Kreuzungspunkt.«

Über die Form der Insel hatte ich mir bisher noch keine Gedanken gemacht, und seine Bemerkung erstaunt mich. Außerdem bin ich von dem Muster verzaubert, das er in viele seiner Kreuze geschnitzt hat – ineinander verschlungene Stränge, die oft wie zwei ungebrochene Kreise nebeneinander wirken. Das ist das Symbol für Unendlichkeit und, für mich, Wechselseitigkeit. Sein kleines Studio liegt ebenfalls in der Mitte der Insel, am Rande des Städtchens, dem Versammlungsort für alle, wo echte Gemeinschaft gedeiht. Wechselseitigkeit, vor allem auf einer kleinen Insel, ist von großer Bedeutung. Alleine können wir nicht überleben.

»Es war sehr klug von Ihnen, Ihren Aufenthalt mit dem Ausblick vom Dun-I zu beginnen«, sagt er. »Aber hier gibt es in jeder Ecke etwas.«

»Ich habe gehört, dass man im Norden Heilung findet, im Westen Geduld, im Süden Klarheit, und ich weiß nicht mehr genau, was es im Osten war.«

»Gnade«, erwidert er. »Sie werden überall etwas finden.«

Kreuze haben mir schon immer gefallen, nicht wegen der religiösen Bedeutung, sondern weil sie das Symbol für den Scheideweg sind – vier Arme, die für vier Wahlmöglichkeiten stehen. Jetzt erkenne ich, dass jeder Arm auch ein Richtungsweiser ist, und wenn ich diese Gedanken noch weiter ausführe, könnte ich, bezogen auf meinen Fall, die vier Arme als meine Mutter, die beiden Söhne und meinen Mann betrachten, mit mir als derjenigen, die »alles zusammenhält«. Ein schlichtes Holzkreuz, dafür vorgesehen, an einer Wand zu hängen, zieht mich an, da es unkompliziert ist, genau wie ich es werden möchte. Aber da ist auch noch ein verziertes frei stehendes Kreuz mit zahllosen keltischen Schnitzereien. Vielleicht werde ich beide kaufen.

»Sind Sie morgen wieder hier?«, frage ich.

»Wie in den letzten fünfundzwanzig Jahren«, antwortet er. »Da die Touristensaison bevorsteht, werde ich ganztags geöffnet haben, es sei denn, ich bin mit dem Hund unterwegs.« Er deutet auf den Englischen Schäferhund, der neben dem bauchigen Holzofen schläft.

»Es war mir eine Ehre, Sie kennenzulernen«, sage ich zum Abschied, in Gedanken schon damit beschäftigt, über die gesamte Insel zu wandern, entlang der Kreuzarme. Ich habe nicht das Gefühl, dass dieser Kreuzschnitzer religiös ist, doch von ihm geht etwas Sanftmütiges aus, das von seiner unentwegten Arbeit herrühren muss: Raspeln, Schnitzen, Schleifen, Formen und schließlich das Gestalten vieler unterschiedlicher Kreuze – wie ein immer wieder gebeteter Rosenkranz. Ich frage mich, wie jemand Holzschnitzer oder irgendeine Art von Künstler wird. Hier auf Iona, wurde mir gesagt, gebe es auch einen Maler, einen Töpfer und einen Schmuckgestalter. Sie lassen sich offensichtlich nicht nur von der physischen Schönheit dieser Insel inspirieren, sondern von ihrer uralten Kultur. Sie tun es, nehme ich an, um selbst zu inspirieren – das lateinische *inspirare* bedeutet »Leben in etwas hauchen«. Als solche sind sie stumme Priester und lassen ihre Arbeit sprechen, statt Worte zu gebrauchen.

Auf dieser Insel hält jeder Tag anscheinend eine kleine Offenbarung bereit. Man weiß nie, wann der nächste Engel, Lehrer oder Mentor auftauchen wird. Die Herrlichkeit der Erfahrung findet sich im Element der Überraschung.

Ernte

Ende April

Wer sich dem Leben hingibt, löst das Unlösbare.

Lao-tse

Der Gedanke, gezielt über die ganze Insel und in jede Richtung zu wandern, kam mir erst, als mein Holzschnitzer-Freund die Gaben bestätigte, die in jedem Bereich des »Kreuzes« zu finden sind. Doch war nach unserer Begegnung das Wetter so schlecht, dass ich es in den letzten Tagen nur zum nördlichen Teil der Insel geschafft habe. Zufällig war es genau der Ort, wohin ich musste – der Ort des Heilens. Obwohl ich auf dem Dun-I einen enormen Durchbruch in Bezug auf die vielen Facetten des Frauseins hatte, dachte ich hauptsächlich über die Wunder meines sich verändernden Körpers nach, sah nur seine positiven Attribute – die treuen Dienste, die er mir über die Jahre geleistet hatte. Was ich nicht berücksichtigte, war die Vernachlässigung, die er meinetwegen hatte erdulden müssen, und die Tatsache, dass er mir erneut die Rechnung präsentierte.

Momentan ist es mein Kreuz, das mir Schwierigkeiten macht – genauer gesagt mein Kreuzbein. Ich finde es interessant, dass dieser Teil der Wirbelsäule, der das Becken zusammenhält – der Ort, in dem neues Leben heranwächst –, mir Schmerzen bereitet. Ich habe es mehr oder weniger stillgelegt, nutze es nur wenig, seit ich aus dem gebärfähigen Alter heraus bin, gönne ihm, abgesehen von meinen täglichen Spaziergängen, wenig Bewegung und nehme es ansonsten als gegeben hin. Das und meine Schulterblätter, die sich ständig verkrampfen, weil ich »das Kreuz trage«, wie Louise Hay sagt, womit sie Frauen meint, die sich bereitwillig die Lasten aller anderen aufbürden. Jedenfalls ist mein Kreuzbein in Schwierigkeiten – buchstäblich und im übertragenen Sinne.

Deshalb bin ich während des gestrigen unerwarteten, kurzen Schneesturms nach Norden gestapft. Trotzdem hätte ich mehrmals fast kehrtgemacht. Bockende, scharfe Winde schienen mir nicht das beste Rezept für eine Heilung. Aber ich trottete weiter. Außerdem gehört es zu einer der seltsamen Regeln des kontemplativen Lebens, dass man sich dabei nicht hinsetzt und Probleme löst. Stattdessen trägt man sie geduldig mit sich herum, bis sie sich irgendwie von selber lösen. In den letzten paar Tagen spürte ich infolge mehrerer zufälliger Erlebnisse, dass jemand oder etwas mich finden möchte und dieses Etwas meine Seele ist.

Zuerst zögerte ich, das Wort *Seele* auch nur laut auszusprechen – es klang so übertrieben. Doch hier auf Iona werfen die Leute mit dem Wort um sich, ohne überhaupt nachzudenken, vielleicht weil hier die Seele nicht der spezielle Ursprung der religiösen Institutionen ist. Ja, *Seele* wird ausschließlich als aktive Vorstellungskraft verstanden.

Iona hat viele Geheimnisse, und das ist gut. Die Wanderpfade sind alles andere als deutlich zu erkennen, und schließlich landet man immer am Wasser. Ich muss an Andrew Wyeth denken, der sich in Chadds Ford, Pennsylvania, niederließ, weil er spürte, dass alles, was er durch die Malerei erforschen wollte, dort im Umkreis von vier Meilen zu finden war. Ich spüre bereits, dass das für mich hier ebenfalls zutrifft.

Der Antrieb für meine täglichen Abenteuer stammt von Katrina, der Besitzerin des winzigen Lebensmittelladens keine drei Türen von meinem Cottage entfernt. Jeden Tag gehe ich zu ihr, kurz nachdem sie den Laden geöffnet hat, und kaufe ein. Mir hat weibliche Gesellschaft gefehlt, und sie scheint das Plaudern mit ihren Kunden zu genießen, während sie einräumt, Waren auszeichnet und die Kasse bedient. Außerdem weiß sie alles über diese Insel und ihre Einwohner.

Als ich heute zu ihr komme, um ein paar Dinge für mein

Picknick einzukaufen, fragt sie: »Und wo wollen Sie heute hin?«, eindeutig erfreut, dass mir ihre Insel so gut gefällt.

»Weiß ich noch nicht genau«, antworte ich und schaue mir das Obst an. Wie auf jeder Insel liegt es schon zu lange im Laden, ich verzichte auf die Pflaumen und wende mich dem Käse zu. »Gestern war ich im Norden – die Strände dort sind viel prächtiger als alle, die wir auf Cape Cod haben. Meine Skepsis verflüchtigte sich rasch. Es war eine anstrengende Wanderung – die ganze Zeit gegen den Wind –, aber es war die Mühe wert. Ich bin mit Kreuzschmerzen losgegangen, und schauen Sie mich jetzt an«, sage ich und richte mich stolz auf.

»Aye, wenn man in den Norden geht, wird man alle Schmerzen los«, antwortet sie, nicht im Geringsten überrascht.

»Ich habe auch jede Menge Strandglas mitgebracht. Man braucht nur in den Sand zu greifen und findet die unglaublichsten Farben.«

»Wenn Ihnen so was gefällt, dann müssen Sie nach Westen gehen«, sagt sie, »zum Strand hinten an der Bucht – da gibt es Tausende solcher Steine.« Sie holt einen prächtigen beigefarbenen Stein mit einem strahlenden weißen Kreis auf jeder Seite unter dem Tresen hervor. »Hier, berühren Sie ihn mal«, fährt sie fort und legt ihn mir in die Hand. Innerhalb von Sekunden wird er warm.

»Meine Insel besteht aus dem ältesten Gestein der Welt«, setzt sie voller Stolz hinzu. »Das ist eine geologische Tatsache. Wir haben nicht nur spezielle Steine, sondern auch grünen Marmor.« Sie deutet auf einen Kasten mit dem Schmuck eines örtlichen Kunsthandwerkers – polierte grüne Prachtstücke in allen Formen und Größen. »Wunderschön, nicht? Diese Felsen und der Marmor tragen die Stimmen unserer Vorfahren und Heiligen in sich. Sie leben im Boden, wissen Sie, und in den Mooren, sogar im Meer, vor allem im Westen. Ihre Stimmen werden Ihnen helfen, die Gaben zu finden.«

Sprechende Steine? Das muss ein Witz sein. Eigenartig, aber ich glaube ihr. Katrina hat eindeutig Freude daran, die Phantasie anzuregen.

»Ich wette, Sie haben da oben im Norden einen guten Fleck gefunden, wo Sie es sich bequem machen konnten«, fährt sie fort, während ich meinen Korb mit Brötchen, Käse, Räucherlachs, Leberpastete, Wasser und einer halben Flasche Weißwein belade.

»Das habe ich tatsächlich«, gebe ich zu, »einen wunderbaren natürlichen Sitz in einem Felsblock, mit weichem Moos bedeckt. Ich habe mich niedergelassen und auf das Landstück geschaut, das bis ans Meer reicht, bis ich fest eingeschlafen bin.«

»Die Medizin sickert von unten in einen hinein.« Sie klingt fast wie eine Seherin, doch als ich meinen Einkauf auf den Tresen stelle, wird sie rasch wieder zur Verkäuferin. Alte griechische Sagen handeln von flüchtigen Begegnungen mit Boten, die man unterwegs trifft, und behaupten, das Heilige sei oft im Gewöhnlichen verborgen. Könnte damit sogar ein Lebensmittelladen gemeint sein? Inzwischen kann ich es kaum erwarten, mich auf den Weg zu machen, und so packe ich meine Einkäufe ein und verlasse den Laden. »Bis morgen dann«, rufe ich.

Eine Frau, die sich im Laden aufgehalten hat, folgt mir nach draußen. »Ich konnte nicht anders, als Ihre Unterhaltung mitzuverfolgen«, sagt sie mit starkem irischem Akzent. »Ich will heute ebenfalls in den Westen. Hätten Sie Lust auf Gesellschaft? Ich könnte Ihnen genau den richtigen Fleck zeigen.«

Ich zögere. Obwohl es mir viel gebracht hat, mich meinen eigenen Gedanken hinzugeben, scheinen zufällige Begegnungen viele Türen zu öffnen. Außerdem hat diese Frau etwas Sprühendes und Elfenhaftes, und ich bin einverstanden. »Gerne«, sage ich und strecke ihr um meine Einkaufstasche herum die Hand hin. »Mein Name ist Joan – Joan Anderson.«

»Ich heiße Dolores Whelan«, sagt sie. »Ich finde es sehr erfrischend, Ihr Interesse an dieser Insel zu spüren. Sie gehört zu meinen Lieblingsorten. Also, sollen wir uns in etwa einer halben Stunde treffen?«

»Das passt mir gut. Mein Cottage ist das da drüben«, sage ich und deute darauf. »Bis dann.«

Eine halbe Stunde später steht Dolores vor meiner Tür, und wir gehen rasch den Hügel hinauf aus dem Ort, biegen auf einen Feldweg ein, der uns über einen ziemlich steilen Anstieg führt. Nach wenigen Minuten schnaufe und keuche ich, während Dolores fröhlich weiterplaudert. »Das Leben hier ist hart«, sagt sie, als wir durch einen unordentlichen Scheunenhof voll mit behelfsmäßigen Landwirtschaftsgeräten, alten Fischreusen, ein paar Heuballen aus dem letzten Jahr und einigen kleinen dreirädrigen, für das zerklüftete Terrain geeigneten Fahrzeugen kommen. »Aber so voller Wirklichkeit, finden Sie nicht? Ein Großteil der Welt ist Illusion, doch Iona ist real. Darum komme ich immer wieder her.«

»Wie oft waren Sie schon hier?«, frage ich.

»Sechs oder sieben Mal. In meinem früheren Leben war ich Wissenschaftlerin, aber ich war so zugeschüttet mit Logik und Gedankenspielen, dass mir keine andere Wahl blieb, als etwas anderes zu finden, etwas, woran ich glauben konnte. Da ich Irin bin, faszinierte mich die keltische Denkweise. Schließlich sind sie meine Vorfahren. Und Sie?«

»Mein Vater beharrte darauf, dass jeder diese Insel besuchen sollte. Und als ich dann eine Einladung von einer völlig Fremden bekam, wusste ich, dass ich sie annehmen musste.«

Sie klopft mir auf den Rücken und wirft mir ein wissendes Lächeln zu, als wir die einspurige Straße erreichen, die zu unserem Ziel führt. »Was machen Sie beruflich?«, ruft sie mir durch den starken Wind zu.

»Ich bin Schriftstellerin – ich habe einige Bücher für Frauen geschrieben, in denen ich aufzeige, wie sie ihr wahres Selbst finden, im Gegensatz dazu, wie alle anderen sie haben wollen. Aber irgendwie bin ich während der Verbreitung meiner Vorstellungen vom Weg abgekommen und brauchte Rettung.«

»Da sind Sie an den richtigen Ort gekommen«, versichert sie mir. »Wie Sie vielleicht wissen, haben sich die Kelten über ganz Europa verbreitet, bis die Römer sie verjagten. Sie zogen sich immer weiter nach Norden und dann nach Westen zurück, um unzugängliche Orte zu finden, an denen sie leben konnten, Orte, an denen sie ihr Wissen bewahren konnten. Such dir etwas Abgelegenes, und man wird dich in Ruhe lassen. Genau das haben wir getan, nicht wahr?«, witzelt sie, hüpft jetzt beinahe wie ein glückliches Kind neben mir. »Ich bin auch Autorin«, sagt sie ungezwungen. »Mein erstes Buch hieß *The Breaking Point,* der Tiefpunkt.«

»Hört sich an, als sollte ich es mir besorgen.«

Sie ist eine kräftige Frau mit koboldhaftem Gesicht und freundlicher Art, bereit, weder sich noch jemand anderen zu ernst zu nehmen, bescheiden und offen zugleich.

»Sie haben sich die beste Zeit ausgesucht«, fährt sie fort, als wir an einem Feld mit Narzissen vorbeikommen, die sich nach dem Frost der letzten Tage wieder erholt haben. »Frühling ist die Zeit der Jungfräulichkeit – der Jugend, des Ausbringens der neuen Saat und der Anfang von allem.«

»Das klingt gut«, antworte ich. »Ich feiere das Ende eines Jahrzehnts – und, wie ich hoffe, den Beginn von etwas Neuem.« Sie ist so freundlich, nicht danach zu fragen, was das sein könnte, und wir beide verfallen für eine Weile in Schweigen, bis ich stehenbleiben muss, um meine Kapuze überzustülpen und den Reißverschluss so hoch zu ziehen, wie es geht. Minuten später überqueren wir eine Wiese, die auch als Weide und Golfplatz dient. Dahinter erkenne ich eine wunderschöne Bucht und einen Streifen des Atlantiks, der heute wie die Karibik wirkt – ein tiefes Blau mit schaumiger weißer Brandung, die auf das Ufer und hoch aufgetürmte Steine zurollt, welche wohl schon vor Jahrhunderten angespült worden sind.

»Hier trennen wir uns. Versuchen Sie zum Moor hinaufzusteigen. Da wird Ihnen ganz schnell warm werden«, sagt sie und deutet auf etwas, das in meinen Augen eher ein Berg denn ein Hügel ist. »Von dort aus hat man einen herrlichen Blick. Sie können bis hinüber nach Irland sehen! Bleiben Sie in Bewegung oder suchen Sie hinter einem Felsbrocken Schutz. Wir können uns gegen Mittag wieder treffen, wenn Sie wollen. Am hintersten Ende der Bucht befindet sich eine großartige Höhle. Bis dann?«

Und damit geht sie los, klettert flink wie eine Bergziege zum Moor hoch, das sie mir ans Herz gelegt hat. Innerhalb von Minuten sehe ich sie oben stehen, gefährlich nah am Rand, die Arme ausgebreitet wie ein Adler, der sich in die Lüfte schwingen will. Mir fällt ein Spruch aus dem Hebräischen ein, der etwa so lautet: »Vergiss nicht, freundlich zu Fremden zu sein, denn alle, die sich so verhalten haben, sind Engeln begegnet, ohne sie zu erkennen.«

Ich trotte weiter, auf das Ufer zu, komme an zahllosen Steinskulpturen vorbei – Steine in Form von Fischen, einem Herz, ineinander geschlungenen Kreisen – und ebenso zahllosen Cairns. Genau wie Katrina gesagt hatte, ist die Uferlinie fast zwei Meter hoch mit Steinen bedeckt. Mich bewegt das Geräusch des Wassers, das über und unter diese gerundeten Steine rauscht und sich dann mit donnerndem Brüllen wieder zurückzieht.

Bisher habe ich mir nie viel aus Steinen gemacht und lieber Muscheln gesammelt, wenn ich am Strand war. Aber da ich nun weiß, dass diese Insel aus dem ältesten Gestein der Welt besteht, betrachte ich die Steine mit neuem Blick. Innerhalb kürzester Zeit werden sie für mich zu Schmuckstücken, und ich möchte sie alle haben. Bald darauf krieche ich auf allen vieren, betrachte ihre Größe und Formen.

Woher kommen sie? Und wie lange hat es gedauert, sie so glatt, so seltsam geformt, so vollkommen in ihrer Unvollkommenheit zu machen? Bei genauerem Hinschauen entdecke ich ihre charakteristischen Merkmale – die feinen Schattierungen von Braun, Weiß, Grau, Schwarz, und ich merke, dass jeder offenbar seine eigene Botschaft in sich trägt. Ich greife nach einem eiförmigen Stein aus dem berühmten grünen Marmor und stecke ihn in meinen Rucksack. Er wird das Symbol für mein Ausschlüpfen sein. Da sind auch mehrere herzförmige, und ich nehme so viele, wie ich zu tragen wage – einen für meinen Mann, zwei weitere, die meine Söhne und deren Familien verkörpern, und einen rosa gefleckten, der von einem wiedererwachten Selbst kündet. Ein grauer, kreisrunder Stein mit einem weißen Streifen um die Außenkante wird zu Hause auf meinem Schreibtisch liegen, um mich daran zu erinnern, dass sich der Kreis geschlossen hat. Der schwarze Stein mit dem weißen Strich, der spiralförmig zur Mitte verläuft, wird mir ins Gedächtnis rufen, dass ich mich immer wieder in mich hineinwinden und mit dem herauskommen muss, was ich gelernt habe. Mit vollgepacktem Rucksack verlasse ich den Strand und wandere hinüber zum nahe gelegenen Moor.

Es ist gar nicht so leicht, von den Steinen auf das Moor zu kommen. Ich muss zwei große Felsen erklimmen, in ein Tal hinabgehen und dann über einen Stacheldrahtzaun klettern. Ich schwitze und bin ein wenig außer Atem, aber nachdem ich um eine Biegung gekommen bin, sehe ich meinen Vater – nicht leibhaftig, aber sicherlich seinen Geist –, der munter einen Glen hinauf- und den nächsten hinabsteigt, auftaucht und wieder verschwindet, seinen zerschlissenen, mottenzerfressenen Kilt im Wind flattern lässt und sein Lieblingslied von Harry Lauder singt: »Roamin' in the gloamin' … Oh, it's lovely roamin' in the gloamin'.«

Das stimmt wirklich, Daddy, sage ich zu mir. *Du hast mich dazu gebracht, hierherzukommen, nicht wahr? Irgendwie wusstest du, dass ich mich verrannt hatte, und dass dieser Ort mein Tonikum sein würde.* Mehr als alles andere möchte ich seine dröhnende Stimme wiederhören – ihn in all seiner Pracht sehen. Er war ein einfacher, jedoch unkomplizierter Mann, dessen Weisheit, wie ich allmählich begreife, aus seinem Erbe stammte. »Du kannst den Augenblick nicht mitnehmen«, sagte er immer. »Zögere nicht. Ergreife ihn, wenn er kommt.« Ich jage ihm nach und erwische ihn, wie er einen Schluck Scotch aus seiner Feldflasche nimmt – »Nur ein kleiner Tropfen, um die Kälte abzuwehren«, sagte er immer. »Wanke nicht, mein Mädchen«, rief er, wenn er das Gefühl hatte, dass ich mich fürchtete oder etwas nicht riskieren wollte. Der Geist blickt hoch, und ich schwöre, dass er meinen Blick auffängt. Fast höre ich ihn sagen: »Auf dieser kleinen Insel wirst du alles finden, was du brauchst, um dein Ziel zu erreichen.«

Dann, genauso schnell, wie er erschienen ist, verschwindet er. Wieder werde ich daran erinnert, dass nach der keltischen Tradition der Mensch durch drei Kräfte geboren wird: das Zusammenkommen von Mutter und Vater, den Wunsch des Geistes eines Vorfahren nach Wiedergeburt und die Einmischung des Gottes oder der Göttin. Im Moment habe ich das Gefühl, dass ich dem Geist meines Vaters begegnet bin, der sich wünscht, durch mich wiedergeboren zu werden.

Es beginnt zu nieseln. Ich gehe zurück zu meinem Rucksack und ziehe den Regenmantel über, als sich auch schon eine Regenbö aus den dunklen Hügeln ergießt. Ich renne in Richtung der angegebenen Höhle am nassen Strand entlang, blicke mich hektisch nach jeder Einbuchtung in den Klippen um, die auf eine Höhle hindeuten könnte. Regen klatscht mir gegen die Wangen, und ich befürchte, in die falsche Richtung zu laufen. Doch nach ein paar Schritten macht die Strandlinie eine Biegung, und da ist sie – eine große Öffnung und ein Boden aus schneeweißem Sand.

Höhlen wirken auf mich meist dunkel, bedrückend und klaustrophobisch, doch diese ist flach, hell und einladend. Ich trete durch einen birnenförmigen Felsspalt, der über die Jahre vom Meer ausgewaschen wurde, und fühle mich sicher. Mir ist, als hätte ein Künstler die Felsformationen in verschiedenen Tönen von Rot, Kastanienbraun und Violett bemalt, mit Akzenten in Blau, Grün und schimmerndem Schwarz. Obwohl die Decke so hoch ist, dass ich aufrecht stehen kann, verlockt mich dieser Zufluchtsort dazu, mich zu setzen, zu entspannen und mich seinem Schutz zu überlassen. Natürlich erinnert er mich an eine Gebärmutter, wofür Geschichtenerzähler die Höhle seit Langem als Metapher verwendet haben. Aber was mich beim Umschauen erstaunt, ist die Schönheit ihres Inneren. Ich lasse mich im Schneidersitz nieder, gerne bereit, den Gezeitenwechsel abzuwarten.

»Hallo da drinnen«, schreckt mich Dolores keine zehn Minuten später auf, duckt sich aus dem Regen herein und klopft leicht gegen die Wand. »Hab ich da nicht ein schönes Fleckchen für uns gefunden, und so weiblich, nicht wahr? Gott ist gut, das stimmt, aber er hatte eine tolle Mutter«, sagt sie und lacht über ihren seltsamen Humor. »Alles, was Form und Inhalt ist, kommt aus einem dunklen Ort, wissen Sie. Tut gut, im Frühjahr darüber nachzudenken, wenn wir uns bereit machen, die neue Saat auszubringen.«

Ich lächle über ihre unkomplizierte Weisheit. Sie holt eine Thermosflasche mit Tee heraus, nimmt einen Schluck, und packt dann ein großes Sandwich mit Hummus, Tomaten, Käse und Bohnensprossen aus. Ich lehne mich an die Wand und überlasse mich diesem Zwischenspiel, im Moment sprachlos. Das hier ist alles, worauf ich gehofft hatte und mehr, aber gleichzeitig zu viel – die Erdenergie, das Zusammentreffen mit meinem Vater und nun die Bereitschaft, in dieser Höhle meinem femininen Selbst nachzugeben. In einem ganzheitlichen Leben geht es nicht darum, ein Anderssein erlangen zu wollen, sondern tief in jeden Augenblick, jede Stunde oder Jahreszeit einzudringen. Irgendetwas Unsichtbares geschieht, und diesmal einfach dadurch, dass ich meinem Instinkt folge und geduldig bin. Ich richte mich auf, begreife, dass es Geduld ist, die dieser Strand im Westen uns lehren soll. Schon komisch, dass Verwandlungserfahrungen mit einem sanften Reiben beginnen – sie erfolgen intuitiv, wie meine Zusage an Dolores heute. Wenn man Glück hat, ist die Reise voller Überraschungen. In dieser kurzen Zeit auf Iona tut mir die Person inzwischen leid, die gut markierte Pfade braucht.

»Sieht so aus, als müssten wir noch eine Weile hierbleiben«, bricht Dolores das Schweigen. »Wir müssen den Gezeitenwechsel abwarten, sonst werden wir durch und durch nass.«

Eine weitere Geduldsübung, denke ich. »Ich hätte nichts gegen einen kleinen Mittagsschlaf«, sage ich und mache es mir, ohne auf ihre Meinung zu warten, mit meinem Rucksack als Kissen bequem und schlafe ein.

Stunden später wache ich in hellem Sonnenschein und bei Ebbe auf, die einen breiten Sandstrand direkt vor dem Höhleneingang hinterlassen hat. Dolores ist nirgends zu sehen, sie hat mir jedoch eine Nachricht auf dem Rucksack hinterlassen:

Wenn man sich spirituelle Sphären nicht erschließt, wird es niemals Frieden geben.
Möge das Entzücken dieses Tages fortbestehen.
Dolores

So elfenhaft, wie sie ist, spüre ich, dass wir uns wiederbegegnen werden.

Da der Nachmittag erst halb vorüber ist, beschließe ich weiterzugehen, nicht zurück zum Ort und der Gnade, die ich im

Westen finden könnte, sondern nach Süden, zur Klarheit, die mich sicherlich an der Columba's Bay erwartet. Dort wollte ich unbedingt hin, seit ich erfahren hatte, dass es genau die Stelle ist, an welcher der heilige Kolumban gelandet ist – der irische Priester aus dem sechsten Jahrhundert, der das Christentum nach Iona brachte. Er war aufgeschlossen genug, die Lehren des Katholizismus mit den Philosophien der Druiden und Kelten zu verbinden. Da ein Großteil des Geistes von Iona der Güte und unkonventionellen Art dieses kleinen Mönchs entspringt, und da ich weiß, dass Klarheit den Pilger erwartet, der sich nach Süden wendet, ziehe ich eifrig meine zerknitterte Karte aus der Tasche, um den Abstand von hier nach dort einzuschätzen.

Anscheinend liegt Columba's Bay nicht mehr als ein oder zwei Meilen entfernt. Ich hatte noch nie einen guten Orientierungssinn, doch aus irgendeinem Grund fällt es mir hier auf Iona leichter, mich zurechtzufinden. Die Insel ist so klein und daher überschaubar, aber ich vermute, es hat etwas damit zu tun, wie konzentriert und aufmerksam ich geworden bin – ich rate nicht mehr, auf welchen Wegen mein Leben verlaufen soll, sondern gehe in eine festgelegte Richtung voll klarer Vorsätze.

Direkt vor der Höhle entdecke ich einen ausgetretenen Pfad, der über das erste Moor führt. Das Gelände wird rasch unübersichtlich, und der Rucksack voller Steine auf meinem Rücken wiegt schwer. Aber ich gehe weiter, über einladende kleine Holzbrücken, auf einem Pfad aus abgeflachten Steinen, vorbei an einem See voller Schwäne, schlafendem Heidekraut und knisterndem, silbrigem Gras, das grün zu werden beginnt.

»Gebt mir eine Wildnis, deren Anblick keine Zivilisation ertragen kann«, sagte Thoreau, und ich bin ganz und gar seiner Meinung. Die Kargheit und Reinheit der Umgebung wirken überaus besänftigend – das heißt, bis ich sumpfige

Stellen überwinden muss wie diejenige, die ich plötzlich vor mir entdecke.

Ich suche mir einen trocken aussehenden Torfhügel aus, doch als ich darauf trete, merke ich, dass es nasse Erde ist. Ich versinke so tief im Morast, dass ich fast meinen Stiefel verliere. Statt zu fluchen, lache ich über meine Dummheit. Inzwischen sollte ich wissen, wie leicht es ist, im Morast festzustecken, vor allem, wenn man einer Abkürzung folgt. Nichts Erstrebenswertes kann beschleunigt werden – weder die Jahreszeiten noch Geburt oder Tod, die Ankunft des Tages, der Übergang in die Nacht; keine Komposition, kein Gedanke, weder ein Kunstwerk noch die Form einer Geschichte. Erst Geduld macht jedes Erlebnis bedeutsam. Zeit zu finden, geduldig zu sein, macht das Leben lebenswert. Ich ziehe mich wieder mal aus meinem Morast heraus, hole Papiertücher aus dem Rucksack, um den Schlamm von den Beinen zu wischen, und gehe auf einen nicht weit entfernten Felsvorsprung zu.

Sobald ich ihn erreicht habe, stütze ich mich auf meinen Wanderstock und lasse meinen Blick über die beeindruckende Columba's Bay schweifen – über üppiges Gras, das sich wie ein Teppich zum weißen Sand hin ausbreitet. Hinter dem Sand umwogt smaragdgrünes Wasser sanft die zahllosen kleinen Inseln, die seine Oberfläche sprenkeln. In der Ferne höre ich das unverkennbare Bellen von Seehunden und folge ihrem Klang zu einer Insel, wo sie sich auf den Felsen räkeln. Das Wasser zwischen dem Ufer und ihnen ist flach, aber ich nähere mich langsam, um nicht auf den schleimigen Steinen auszurutschen und die Tiere zu verscheuchen. Die Seehunde bleiben, wo sie sind, drehen ihre Köpfe gleichzeitig um und begrüßen mich mit ihren gefühlvollen Augen, als ich noch zwei Felsbrocken entfernt bin. Es ist das eine, einem wilden Tier, selbst für eine Sekunde, gegenüberzustehen, und ganz etwas anderes, in ihre Herde aufgenommen zu werden. Ich habe wirklich das Gefühl, mich außerhalb der Zeit zu bewegen. Ich setze mich zu den Seehunden, beobachte still, wie sich ihre fetten, geschmeidigen Körper anrempeln, wie Wasser in die Felsspalten hinein- und hinausrauscht. Nach einer Weile wird alles von Nebel eingehüllt, und mir wird kalt. Die Sonne ist hinter einer Wolkenbank verschwunden; es wird Zeit, weiterzuziehen. Als ich trockenen Boden erreiche, drehe ich mich für einen letzten Blick auf die gesamte Bucht um und entdecke zu meiner Überraschung etwas, das mir vorher nicht aufgefallen war. Zwischen den vielen kleinen Cairns und größeren Steinmonumenten erkenne ich einen ziemlich großen und seltsam aussehenden Steinkreis. Ich gehe hinüber und bin verblüfft, ein Labyrinth zu finden, halb verborgen unter dem Gras.

Solche uralten Kreise, vor etwa viertausend Jahren als Hilfsmittel zur Meditation entworfen, findet man oft in Kirchen, Gärten, heiligen Stätten, an Orten mit starker Erdenergie, aber ich bin noch nie über ein Labyrinth in der Wildnis gestolpert.

Doch nichts, was mir auf Iona durch Zufall begegnet, sollte mich noch überraschen, und darüber hinaus habe ich gelernt, alle Gaben anzunehmen, welche die Insel zu bieten hat. Daher weiß ich, obgleich es wieder zu regnen begonnen hat – nicht nur ein schottischer Sprühregen, sondern dicke Tropfen –, dass ich in diese heilige Spirale hineingehen muss, die gewiss eine Metapher für den Pfad darstellt, auf dem ich mich befinde. Wenn ich tatsächlich dabei bin, mein Leben zu ändern, statt es einfach nur fortzusetzen, könnte mir der Gang in das Labyrinth den Impetus geben, den ich brauche.

Gleich darauf habe ich den Zugang gefunden und bemerke dann, dass im Mittelpunkt ein Cairn steht. Anscheinend sollen diejenigen, die in das Labyrinth gehen, im Zentrum etwas von sich hinterlassen. Ich entdecke einen schneeweißen runden Stein, nehme ihn in die Hand, atme tief durch und betrete den grasigen Pfad, der in dieses stille Heiligtum führt. Ich setze einen Fuß vor den anderen, fühle mich wie das Kind, das einst Braut oder Feenprinzessin im Garten spielte, und nehme nichts und niemanden wahr, bis auf eine Kakophonie beruhigender Geräusche – die auflaufende Flut, die Brandung, kreischende Möwen und natürlich meine bellenden Seehunde –, die mich zwingen, mich dem Vorgang weiter zu überlassen.

Es erfordert äußerste Konzentration, auf diesem schmalen Pfad nicht den Halt zu verlieren, aber diese einfache Reise erstickt wunderbarerweise jedes sinnlose Geplapper, und ich bin einmal mehr ganz präsent. Diesen Pfad zu gehen, macht mich bedächtig und geduldig. Auf diese Weise den Körper zu verlangsamen, hilft dabei, die Seele wachzurütteln.

Das hier ist kein Irrgarten mit Tricks und Sackgassen. Alle Wege führen ins Zentrum. Und es gibt nur einen Weg hinein und einen hinaus, es sei denn, ich betrüge und trete von einem Pfad auf den anderen. Aber das würde den Zweck dieses Gangs zunichte machen. Den Kurs zur Klarheit kann man nicht übertölpeln – er erfordert Ausgeglichenheit, Geduld und die Bereitschaft, sich Zeit zu lassen.

Für einen Sekundenbruchteil fühle ich mich gehemmt und blicke mich um, ob mich jemand bei diesem Miniritual beobachtet. Aber dann lache ich mich aus beim Gedanken daran, dass ich schließlich an einem verlassenen Strand irgendwo auf den Hebriden bin, wo niemand zuschaut außer den Seehunden, ein paar Ziegen und diversen Schafen. Und so lasse ich mich weiter auf diese Erfahrung ein, dankbar für jeden Schritt, den ich auf dieser Reise nach Iona unternommen habe. Kaum habe ich den Mittelpunkt erreicht, erfüllt mich ein innerer Friede, für den ich keine Worte finde. Wieder werde ich an das Anderson-Motto – »Wanke nicht« – erinnert und halte mich daran, ich nehme die Schultern zurück, atme die mystische Luft ein, spüre, wie die Erdenergie aus dem Boden in mich einsickert, bis sie mein ganzes Sein durchdringt. Ich blicke auf den Kreis, der mich umschließt, und weiß, dass es für einen Kreis weder Anfang noch Ende gibt – der Kreis ist das Symbol des Lebens und besteht als solches aus einem endlosen Kontinuum.

Ich lege meinen Stein oben auf den Haufen, warte ab, ob er hinunterfällt, doch er bleibt an seinem unsicheren Platz – ähnlich wie ich jetzt, die ich nach neuen Höhen greife und darauf zähle, dass mein Fundament neue Wagnisse trägt. Die Ruhelosigkeit, die ich empfunden habe – die fehlende Erdung, während ich auf der Suche nach Harmonie vorwärtsdrängte –, ist endlich durch diesen heiligen Moment besänftigt worden. Diese ganze Reise hat mich in ein Labyrinth heiliger Verwirrung gezogen, in dem ich Unschuld wiedererlangte und viele Aspekte meiner selbst zu entdecken vermochte, die einst vergraben und verloren waren. Zu Beginn dieser Pilgerreise habe ich Heilung gesucht – die Wiederherstellung von Gesundheit, Solidität und spiritueller Ganzheit –, und das wurde mir hier geschenkt, weil ich offen, empfänglich und geduldig war. Ich brauche keine wunscherfüllte Zukunft mehr, um die Gegenwart auszulöschen. Alles, was ich hier und jetzt habe, ist genug.

Nichts geschieht über Nacht. Eine Beziehung zum Unbekannten zu entwickeln, braucht Zeit. Dabei wird dem Suchenden das größte aller Geschenke zuteil – Klarheit. Wieder hat sich der Kreis geschlossen. Ich muss stets bereit sein, vorwärts zu reisen – die Spirale bis in die Mitte zu verfolgen und auch wieder hinaus. Dann, und nur dann, werde ich ganz sein, verbunden mit allem, was ich bin.

Unvollendete Reise

Ende April

Es war Zeit, in mein wahres Leben zurückzukehren.
Nach dieser Reise auf eine namenlose Insel,
Wo ich mich bei Sonnenaufgang trunken
vor Licht niederlegte.

May Sarton

Die stets zuverlässige Fähre macht eine ihrer letzten täglichen Überfahrten. Bisher schaute ich selbstzufrieden zu, wie die Menschen kamen und gingen, da ich mich eingelebt hatte und Teil dieser kleinen Insel geworden war. Doch alle guten Dinge müssen leider ein Ende nehmen, und morgen reise ich ab. Deshalb sitze ich an meinem Schreibtisch, trinke ein Glas Port und versuche die vielen Gedanken darüber einzufangen, was diese Erfahrung für mich bedeutet hat.

Auf der Straße spielt ein Fiedler eine fröhliche keltische Melodie, die wie etwas aus *Riverdance* klingt. Ich höre auf zu schreiben und schaue aus dem Fenster, nehme den schwindenden Tag in mich auf, während die Sonne irgendwo im Meer versinkt. »Auf Iona«, schrieb Kenneth Steven, »kommt es darauf an, den Wind zu besiegen, mit trockenen Schuhen heimzukommen, ein Feuer in Gang zu setzen. Ich bin mir nicht sicher, ob es hier keine Zeit oder mehr Zeit gibt, ob das Licht stärker ist oder nur leichter zu sehen.« Tja, Mr Steven, ich bin mir auch nicht sicher. Ich schreibe:

Mir ist, als wäre ich aus einem Traum erwacht. Vor nur drei Wochen setzte ich in ein sagenhaftes Königreich über, verfiel in Trance, wanderte herum wie ein Mensch auf dem Mond, ungestört bis auf ein paar zufällige Begegnungen, die mich zum nächsten Ziel führten, eine Art Verbinde-die-Punkte-Dasein.
Etwas Unsichtbares ist hier geschehen. Trifft das nicht auch auf die Entwicklung im Erwachsenenalter zu – eine Verschiebung hier, eine Veränderung da? Eines Tages wird man wach, aus welchem Grund auch immer, und ist nicht mehr dieselbe wie am

Tag zuvor. Weil Iona so weit entfernt vom Üblichen liegt, bietet es einen fruchtbaren Acker für das Gedeihen reinen Denkens, origineller Ideen und der eigenen Rettung. Joseph Campbell gestand: »Man braucht einen Ort, an den man fast jeden Tag im Herzen, im Geist oder in seinem Haus gehen kann, an dem man niemandem etwas schuldig ist und an dem einem niemand etwas schuldet – ein Ort, der etwas Neues und Vielversprechendes erblühen lässt.« Für mich war Iona dieser Ort.

Allem Anschein nach war ich hergekommen, um Ganzheit zu finden – einen Weg aus der Fragmentierung und Verstrickung, die mein Leben bestimmte. Hier fand ich Einfachheit. Ich stellte mich den Herausforderungen der Elemente wie Regen, Graupel und starkem Wind, doch ich fand eine Ruhepause von all den Ablenkungen und selbst auferlegten Dringlichkeiten meines Lebens zu Hause. Mehr als alles andere sind es die Menschen – die Inselbewohner, die ich dabei beobachtet habe, wie sie ihr Leben gestalten, statt es nur geschehen zu lassen –, die mir geholfen haben, das zu erkennen, worauf es wirklich ankommt.

Ich lege meinen Stift weg und schaue aus dem Fenster auf das kleine Dorf, das geschäftig dem Tagesende zustrebt – Frauen eilen zum Markt, Bauern treiben ihre Schafe von einer Weide zur anderen, mehrere Fischerboote versuchen im kabbeligen Kanal zu ankern. Jeder Inselbewohner ist ein Rädchen im Getriebe, jeder arbeitet für das große Ganze, nicht nur für den Erfolg des Einzelnen. Mehr noch, die meisten wissen, was von ihnen täglich erwartet wird – wie viel sie erreichen müssen und wann sie sich anderen Unternehmungen, Neigungen oder Hobbys zuwenden können. Ich verlasse diese Insel in der Hoffnung, dass die Forderungen, die weiterhin ihr hässliches Haupt erheben – Schuldgefühle, Geschwindigkeit, Perfektionismus etc. –, sich auflösen, wenn ich mich an Iona und das erinnere, was ich hier erlebt habe.

Jetzt muss ich meine Sachen packen. Ich werfe hauptsächlich schmutzige Kleidung in meinen Rucksack, wickle verschiedene Einkäufe – einen Becher aus dem Iona Pottery Shop, ein Stück Buntglas aus der Abtei und natürlich mein begehrtes, handgeschnitztes Kreuz – in Pullover und Jacken ein. Letzteres soll mich daran erinnern, in jede Richtung zu gehen, geduldig zu sein statt ungeduldig, nach Klarheit zu suchen, wenn ich verwirrt bin, und am Ende zu wissen, dass mir Gnade zuteil wird, wenn ich mir selbst treu bleibe, obschon ich sie nicht selbst herbeiführen kann.

Eine rasche Überprüfung der Vorräte in Mrs MacDonalds Küche erinnert mich daran, dass ich einiges zu ersetzen habe, daher ziehe ich einen Pullover über und laufe zum Lebensmittelladen, bevor er schließt.

»Sie verlassen uns also morgen?«, fragt Katrina emotionslos.

»Ja«, antworte ich direkt, obwohl mich ihre Frage schlucken lässt. »Und ich bin überhaupt nicht glücklich darüber.«

»Werden Sie wiederkommen?«, drängt sie.

»Oh ja, ich komme wieder«, antworte ich, schaue mir jetzt die Wollmützen und T-Shirts an, auf denen »Iona« steht, und werfe mehrere davon, zusammen mit einem Dutzend Postkarten, in meinen Korb.

»Und haben Sie gefunden, wonach Sie gesucht haben?«, fragt sie.

»Allerdings, und noch mehr.« Ich ziehe einen kleinen herzförmigen Stein aus der Tasche und lege ihn auf den Tresen. »Den habe ich an der Steinbucht gefunden und dabei an Sie gedacht«, sage ich. »Vielen Dank, dass Sie mir den Weg gewiesen haben.«

Katrina errötet und senkt den Kopf. Da mehrere Menschen den Laden betreten haben, zieht sie sich hinter den Tresen zurück.

»Das wäre alles«, sage ich und lege meine Einkäufe auf den Tresen. »Oh, und würden Sie bitte noch eine Flasche Single-Malt und eine Flasche Ihres besten Ports hinzufügen?«

»Sind wohl gut bei Kasse, was?«

»Nur dankbar«, antworte ich.

»Zweiundzwanzig Pfund dreißig«, sagt sie lapidar. Ich weiß, es liegt ihr nicht, Emotionen zu zeigen, also sehe ich davon ab, sie zu umarmen. Aber Händeschütteln erscheint mir zu kühl und zu wenig.

»Kommen Sie heute Abend zum *ceilidh* [ausgesprochen *kei-lih*]?«, fragt sie.

»Was ist das denn?«

»Eine Versammlung aller Inselbewohner in der Dorfhalle. Zu Beginn und zum Ende jeder Jahreszeit halten wir eine ab«, erklärt sie. »Da wird gesungen und getanzt. Das Argyll sorgt für die Verpflegung. Wird sicher ein schöner Abend.«

»Aber ich bin keine Inselbewohnerin«, sage ich verwirrt.

»Sie könnten aber glatt eine sein. Nachdem Sie hier seit drei Wochen leben, nennt Sie niemand mehr die Amerikanerin, oder? Das wäre doch eine nette Möglichkeit für Sie, sich zu verabschieden.«

Da ich für heute Abend nichts geplant habe und sie so beharrlich ist, erwidere ich: »In Ordnung. Wann?«

»Um sieben«, sagt sie mit einem Lächeln.

Mehrere Stunden später, nachdem ich meinen Rock aus dem Rucksack gewühlt habe, lege ich einen neu gekauften Tartan-Schal um meine Schultern, bürste mein Haar auf und begebe mich in Richtung der Musik und des Geruchs von gegrilltem Fleisch. Daniel und seine Mannschaft bauen gerade das Essen auf – ein gebratenes Schwein, mehrere Salate, jede Menge Kartoffeln und natürlich Shortbread, Buttergebäck, zum Nachtisch. Drinnen hat sich jemand die Mühe gemacht, die ziemlich düster gestrichenen Wände und die dunkle Holztäfelung mit bunten Weihnachtslichterketten aufzuhellen, die kreuz und quer über die Decke gespannt sind. Die Halle ist gedrängt voll – alle Plätze entlang der Wände sind besetzt, und an den wenigen Tischen sitzen hungrige Fischer und Bauern, sichtbar darauf erpicht, sich auf das leckere Essen zu stürzen. Ich verspüre das Bedürfnis, jemandem zu sagen, dass ich tatsächlich eingeladen wurde, suche den Raum nach einem Menschen ab, den ich kenne. Ich entdecke nicht ein vertrautes Gesicht, also strebe ich auf die Tür zu, als Dolores gerade eintritt. »Himmel, wie gut, dass Sie da sind«, sage ich. »Ich hatte gehofft, wir könnten noch mal zusammen wandern, aber meine Zeit ist abgelaufen.«

»Sie verlassen uns also? Wie schade.«

»Morgen früh, mit der ersten Fähre geht's los«, teile ich ihr mit. »Katrina meinte, das hier könnte eine gute Möglichkeit sein, mich zu verabschieden. Ich war noch nie bei einem *ceilidh*.«

»Dann werden Sie was erleben«, sagt sie und beäugt meine Füße. »Gut, dass Sie flache Schuhe anhaben. Hier kann es ganz schön wild werden.«

»Ich muss doch nicht etwa tanzen?«

»Wenn Sie im Raum sind, wird jemand Sie finden. Auf dieser Insel gibt es mehr Männer als Frauen. Bestimmt werden Sie in kürzester Zeit einen Partner haben.«

Ich merke, wie sich mein Magen verkrampft. Ich bin gekommen, um zu beobachten, nicht um teilzunehmen.

»Lassen Sie uns was trinken«, schlägt sie vor und bestellt sich ein Pint. »Was nehmen Sie?«

»Einen Whisky«, sage ich kühn. »Ich habe gehört, das nennt man schottische Kommunion.«

»Gut gewählt – der wird Sie für das, was kommt, auflockern«, sagt sie und legt zwei Pfund auf den Bartresen. »Ich lade Sie ein!«

Die Nacht ist feucht, die Luft schwer. Wir bewegen uns auf eine der offenen Türen zu, wo es etwas kühler ist. Aber selbst hier am Rande der Menge kann man sich kaum noch unterhalten. Auf der Bühne sind Musiker erschienen und stimmen ihre Fiedeln, Flöten, Pfeifen und ein Akkordeon. »O mein Gott«, keucht Dolores fast, als sie sieht, wie eine Frau die Bühne betritt. »Fiona ist da. Sie ist eine erstaunliche Sängerin – eine der besten.«

Stille legt sich über den Raum, als alle die Anwesenheit dieser ziemlich großen, exzentrischen Frau mit roten Haaren bemerken, die anscheinend in meinem Alter ist. »Sie singt Feenmusik«, flüstert mir Dolores zu. »Sie werden sich glatt in sie verlieben.«

Fiona nimmt auf einem Stuhl Platz, der für sie hingestellt wurde, greift nach ihrer uralten Harfe und wartet, bis es ganz still wird in der Halle, eine Frau, die ihr Publikum eindeutig im Griff hat. Zum Aufwärmen zupft sie die Harfe, bis eine Melodie Form annimmt, als improvisiere sie, und doch ist die Musik bereits so melodisch, dass sie mich fast in Trance versetzt. Irgendwann beginnt sie zu singen, zuerst ganz leise, ihre tiefe Altstimme klingt besänftigend und voll. Ich schließe die Augen und lausche dem Text – es sind Lieder über Sehnsucht, Lieder über Freude, aber meist Lieder über Schottland, ihre geliebte Heimat. Ich möchte, dass sie niemals aufhört. Zum Abschluss singt sie von einer weisen Frau.

Frau vom Weisheitsbaum
Göttin des Menschheitstraums
Besingt die Einheit, nach der wir streben.
Erschaffen aus Ewigkeit
Nackt im Rätsel, das sie bleibt
Besingt die Einheit, nach der wir streben.
Grimmig und sanft

Weise und mutig
Schlicht in ihrer Erhabenheit
Wagt sie die Einheit, nach der wir streben.

Sanfter Applaus ertönt, als wäre das Publikum aus derselben Trance erwacht wie ich.

»Habe ich Ihnen nicht gesagt, dass sie großartig ist?«, mischt sich Dolores ein. »Für mich verkörpert sie das alte Weib.«

»Ein altes Weib!« Entsetzt blicke ich Dolores an. »Wie können Sie sie so nennen?«

»Weil es ein Kompliment ist«, erwidert Dolores. »Im Gälischen nennen wir eine Frau ihres Alters und ihres Formats die *cailleach* – die ältere Frau, die mächtig und äußerst selbstsicher ist. Sie braucht die Bewunderung anderer nicht. Das alte Weib weiß, wer sie ist – ähnlich wie Sie, Joan, das alte Weib!«, brüllt sie fast, um sich gegen die Band durchzusetzen, die gerade aufspielt, während sich die Halle mit tanzenden Paaren füllt.

»Alte Weiber sind für unsere Männer von großem Interesse«, neckt mich Dolores. »Ich habe sie über Sie tuscheln hören, seit ich hier bin. Sie finden es faszinierend, wie begeistert Sie von der Insel sind.«

»Ich glaube, ich brauche noch einen Whisky«, sage ich und gehe zurück zur Bar, ein Fehler, wie ich merke, als ich unterwegs von einem älteren Mann angesprochen und gebeten werde, bei einem Squaredance mitzumachen. Die Musik ist ausgelassen und das Tanzen lebhafter, als ich erwartet hatte, und wir bewegen uns in schwindelerregendem Tempo. Ich mache einen schwachen Versuch, auf dem linken Fuß zu hüpfen, mit dem rechten zu stampfen, dann zweimal zu hüpfen und dreimal aufzustampfen. Aber ich gebe den Versuch rasch auf und bewege mich nur noch. Wir tanzen in einer Reihe, halten uns jeweils an der Person vor uns fest. Wenn man das Ende der Reihe erreicht, wird man von einem Tänzer zum nächsten gewirbelt. Ein Mann fängt mich gerade noch auf, bevor ich zu Boden falle. Mit gerötetem Gesicht und schweißüberströmt bin ich dankbar, als dieser Ausdauertest schließlich endet, und verschwinde nach draußen an die frische Luft.

Durch das Fenster spähe ich in den Raum und entdecke einige, die mir unwissentlich den Weg gewiesen, ein Steinchen in den Teich meiner Weisheit geworfen haben. Da ist der Holzschnitzer, allein in einer Ecke mit einem Pint; Katrina, die den Schal um ihre Schultern zusammenzieht und die Paare beäugt, aber anscheinend nicht daran interessiert ist, selbst Teil eines Paars zu sein; Daniel, der alle umarmt, stets der vollendete Portier der Insel; und natürlich Dolores, unschuldig, unberührt, begierig wie ein Kind, an allem teilzuhaben. Als ich herkam, war ich mir sicher, dass ich, um mit dem Theologen Fredrick Buechner zu sprechen, »allein überleben, allein wachsen, sogar allein obsiegen« könnte, doch auch ich konnte am Ende nicht »auf mich selbst gestellt menschlich werden«, wie er es ausdrückt. Dafür werde ich immer die zufälligen Geschenke brauchen, die mir Fremde am Wegesrand zuteil werden lassen.

Es beginnt zu tröpfeln, und ich bin bettreif. Ich gehe durch die dunkle Straße zu meinem Cottage und weiß, dass ich nun in die richtige Richtung stolpere.

Um sechs Uhr klingelt der Wecker, und ich bin knapp zwanzig Minuten später aufbruchbereit und aus dem Cottage. Einige Leute eilen bereits zum Kai, ziehen Koffer hinter sich her, aber ich trödele noch und genieße meine Einsamkeit. Der Abschied von der Insel ist eine Herausforderung. »Wir müssen uns der unbekannten Zukunft stellen, indem wir alles zur Geltung bringen, dem wir in der Vergangenheit Form verliehen haben«, sagte der irische Schriftsteller John O'Donohue.

Für mich wird die unmittelbare Zukunft zweifellos vom Geist Ionas geformt sein. Ich bin hier mit hart erkämpften äußeren Stärken angekommen, fahre aber mit unschätzbaren inneren Stärken wieder ab – Bescheidenheit, Geduld, Gnade, Klarheit und Integrität, um nur einige zu nennen. Jeden Tag hier habe ich voll gelebt, ohne mich abzuhetzen, den nächsten Tag vorwegzunehmen und darauf hinzuarbeiten, ihn zu einem besseren als dem jetzigen zu machen. Demzufolge bin ich gespannt auf alles, was in meinem Herzen noch ungelöst ist, sehe dem aber mit Geduld entgegen.

Mir fällt ein Dudelsackspieler auf, der zum Kai unterwegs ist, und ich frage mich, welchem Reisenden hier wohl ein königlicher Abschied beschert wird. Kurz darauf kommt Katrina aus ihrem Laden, gefolgt von Dolores, und beide rennen jetzt, da die Fähre den Kanal schon halb überquert hat. Dolores umarmt mich und drückt mir ein Messinglesezeichen in Form einer Acht in die Hand. »Jetzt ist die Zeit gekommen, und wir sind diejenigen, auf die wir gewartet haben«, flüstert sie. Dann kommt Katrina auf mich zu und überreicht mir ihr Geschenk, ein Stück Iona-Marmor an einem Lederband. »Mögest du bald zurückkehren«, sagt sie rasch, dreht sich um, ohne auf eine Antwort zu warten, und läuft fort.

Als die Gangway auf den Kai gesenkt wird und Passagiere an Bord gehen, stimmt der Dudelsackspieler »Scotland the Brave« an. Ich marschiere weiter, denke an die Ballade, die Fiona gestern gesungen hat, und glaube daran, dass auch ich eine Frau vom Weisheitsbaum bin, grimmig und sanft, weise und mutig. Nachdem ich mein Gepäck abgestellt habe, eile ich aufs Oberdeck, um einen letzten Blick auf mein Iona zu werfen.

Während die Maschinen stampfen und wir uns vom Ufer entfernen, wird mir klar, dass Reisen wie diese mit der Ankunft an einem anderen Ort enden. Man hofft, dass es so etwas wie eine Auflösung und einen Abschluss für die Pilgerin gibt – ein neues Blatt, auf dem sie ihr nächstes Stadium entwerfen kann. Gesegnet mit einem stillen Frieden, fühle ich mich bereit, während ich an der Reling stehe, der Spirale nach außen zu folgen, bin jedoch dankbar, dass die Heimreise genauso lange dauern wird wie die Hinreise und mir Zeit für weitere Gedanken lässt.

Als sich der Klang des Dudelsacks im Nebel verliert, wanke ich nicht, getreu dem Anderson-Motto, und salutiere meinem Vater, der wusste, wie wertvoll es ist, auf Ererbtes und Geschichte zurückzugreifen. Ich spüre, dass die Geister der Vorfahren darauf warten, wiedergeboren zu werden, und ich möchte ihnen die Ehre erweisen. Daher nehme ich einen kleinen Zettel aus meiner Tasche, auf den ich ein paar Anweisungen geschrieben habe, die mir helfen werden, den neuen Kurs beizubehalten – diese neuen Ideale, die sich aus meinen verschiedenen Umwandlungserlebnissen ergeben haben:

Nimm Veränderung bereitwillig an – vergiss nicht, dass das Leben immer wieder umgestaltet wird.

Freunde dich mit der Person an, die du werden willst.

Heiße neue Pfade willkommen. Genieße die Umwege.

Sei bestrebt, tiefer zu gehen statt nur vorwärts.

Wisse, dass die meisten unnötigen Ansprüche aus dem unvollendeten Teil deines Selbst stammen.

Nimm dich vor Geschwindigkeit in Acht. Die führt oft ins Verderben.

Aus ganzem Herzen ist der richtige Weg. Halbherzigkeit wird dich umbringen.

Zügle deine Entfaltung.

Lass das Überlebte los, um Platz für das Ungelebte zu machen.

Als meine besondere Insel nur noch ein verschwommener Fleck am Horizont ist, wird mir klar, dass diese »zweite Reise« zu Ende ist, aber ein neues Jahrzehnt sich vor mir auftut. Ich heiße den vor mir liegenden Kurs willkommen. Denn wenn ich sonst nichts gelernt habe, dann doch, dass die Reise nie beendet sein wird.

Zum Verständnis der Reise

Damit Sie das Konzept einer zweiten Reise auf Ihr eigenes Leben übertragen können, habe ich Beschreibungen der verschiedenen Reisen aufgeführt, wie ich sie erlebt habe. Wenn die Pilgerin sich solcher »Wege« bewusst ist, kann sie sich damit beschäftigen, ihr Leben neu zu definieren, um eine lohnendere Erfahrung zu machen. Ganz gleich, ob Glück oder Unglück Ihren Kurs bestimmt, die Straße ist niemals gerade. Aber sowohl durch Versuch und Irrtum wie auch durch Konflikte und Lösungen wird dieser Pfad umso bedeutsamer werden. Und daher wünsche ich Ihnen gute Reise!

Zweite Reisen
Zweite Reisen beginnen am häufigsten in der Mitte des Lebens, wenn die Kraft der Jugend verbraucht ist und sich die Träume früherer Jahre als schal und sinnlos erweisen. Für eine Frau ist dies oftmals die Zeit, ihren eigentlichen Wert zu finden, der über den der Mutter und Ehefrau hinausgeht. Allein indem sie sich ihren Schmerz eingesteht und erkennt, dass er durch das Wissen um etwas Größeres, Besseres und Lebensspendenderes ausgelöst wird, wonach sie streben kann, beginnt eine Frau erneut den Prozess der Individuation. Es ist, als wäre Schneewittchen aufgeweckt worden, nicht durch den Kuss eines Prinzen, sondern weil sie beschlossen hat, an ihrem eigenen Leben teilzuhaben, statt ein Opfer der Erfahrung zu bleiben. Zweite Reisen verlangen, dass man sich von

Vertrautem abwendet – sich isoliert, fortgeht und neu an einen alten Ort zurückkehrt. Bei diesem Prozess lernt eine Frau, wieder neben sich herzugehen. Diese Entscheidung triff man, um Stagnation zu beenden und generativer zu werden – um schließlich das Gefühl zu haben, dass man neu geboren ist und das Leben endlich wieder frisch beginnt. So seltsam das auch scheinen mag, ein Ende erzeugt immer einen Anfang.

Zufällige Reisen
Zufällige Reisen sind unerwartete Zwischenspiele, die das Leben einer Frau intensivieren können, sie aber auch vom Kurs abbringen. Alice im Wunderland erlebt eine solche Reise, als sie aus Langeweile einem Kaninchen durch sein Loch nachjagt und mit zahllosen Herausforderungen, Überraschungen, Fallen und schlechten Ratschlägen konfrontiert wird. Auf einer zufälligen Reise könnte eine Frau auf unbekannte Straßen geraten, die auf ihrem Reiseplan nie vorgesehen waren. Solche Reisen nehmen viele Formen an, doch sie beginnen stets in Unschuld und mit einem Element der Überraschung. Wie auch immer das im Einzelnen aussehen mag, wir merken für gewöhnlich, dass wir falsch abgebogen sind, die Gastfreundschaft anderer überstrapaziert haben, und entscheiden uns schließlich dafür, wieder auf den eigentlichen Kurs zurückzukehren.

Falsche Reisen
Falsche Reisen sind verlockend. Sie finden statt, wenn wir bereit sind, aus Verzweiflung, Mangel, Gier oder Stolz unsere Werte zu kompromittieren. Für gewöhnlich suchen wir nach einer Abkürzung zum Glück, einer schnellen Lösung, die uns aus leeren und öden Zeiten befreit, einer Chance, viel Geld zu verdienen, Glück oder sogar Liebe zu kaufen. Möglicherweise hatten wir einen flüchtigen Blick auf das werfen können, was wahr und richtig ist, doch uns fehlten der Mut oder die

Prinzipien, uns zurückzuziehen. Am Ende einer solchen Reise bleibt uns nur das Gefühl, eine Betrügerin zu sein, und wir schämen uns dafür, »unsere Seele für ein Linsengericht verkauft zu haben«. Schlimmer noch, wir wissen, dass wir unser eigenes Selbst betrogen haben. Sich der Relikte einer falschen Reise zu entledigen, kann sehr lange dauern.

Spirituelle Reisen
Spirituelle Reisen beginnen mit einem »Ruf«, einem unwiderstehlichen Sog, unser höheres Selbst zu finden. Wir sind von einer heiligen Ruhelosigkeit erfüllt, die davon herrührt, dass wir uns nach Wahrheit, Intimität und Einssein mit dem Selbst und der Seele sehnen. Solche Reisen können mit einer Pilgerfahrt beginnen – ein Abenteuer in der Wildnis, ein Rückzug an einen Ort mit einfühlsamen Ratgebern. Der Zweck einer solchen Reise besteht darin, dem Bedeutungslosen Bedeutung abzuringen, eine neue Zielbewusstheit zu finden und zu einer veränderten Lebenseinstellung zu gelangen, die eher darauf beruht, unsere inneren Bedürfnisse zu erfüllen, als unsere äußeren Begierden zu befriedigen.

Reiseplan der zweiten Reise

Vor etwa dreißig Jahren fand ich im Bücherregal meiner Mutter ein kleines Buch, das mich neugierig machte. Ein römisch-katholischer Priester hatte es verfasst, es hieß *The Second Journey: Spiritual Awareness and the Mid-Life-Crisis (Die zweite Reise: Spirituelles Bewusstsein und die Krise in der Lebensmitte)*. Ich befand mich weder in einer Krise noch in der Lebensmitte, aber irgendetwas sprach mich an. Was würde ich tun, wenn die Kinder aus dem Haus waren und der Rest des Lebens vor mir lag? Ich verschlang das Buch noch am selben Tag und habe es seither immer wieder gelesen. Darin setzt sich Gerald O'Collins mit der Bedeutung des Lebens auseinander, die es nach der Phase hat, in der wir mit Familie und Beruf beschäftigt sind. Er erklärt, die erste Reise habe mit der Ausübung der erwarteten Rollen zu tun, und bei der dritten Reise gehe es um das Alter und das Lebensende. Doch in der Mitte liegt ein langer Zeitabschnitt! Was sollen wir während unserer mittleren Jahre mit unserer Weisheit und Vitalität anfangen?

Er war in der Lage, einen groben Plan aufzustellen, wie und warum sich jemand auf eine solche Reise begibt, und skizzierte dann folgendes Schema:

1. Veränderung wird einem aufgezwungen.

2. Man macht eine Gefühlskrise durch.

213

3. Da man angehalten worden ist, muss man eine Reise nach außen machen.

4. Für einige Zeit allein zu sein, schafft Veränderung: eine Umkehr von Werten und Zielen.

5. Plötzlich fühlt man sich allein. Man hat sich verändert, doch die Welt ist gleich geblieben.

6. Darauf folgt eine längere Zeitspanne der Isolation und Erkundung.

7. Man fühlt sich zu Hause in seinem neuen Selbst und erlangt Weisheit und Macht.

Frei nach Gerald O'Collins
The Second Journey: Spiritual Awareness and the Mid-Life-Crisis
Paulist Press, 1978 (vergriffen)

Reiseplan der zweiten Reise

Aufgezwungene Veränderung

Übergänge
Ungelöste Konflikte
Persönliches Versagen
Schlechte Diagnose

Gefühlskrise

Keine Änderungsmöglichkeit
Verzweiflung
Überwältigt von quälenden
Gefühlen

Reise nach außen

Auszeit
Ruhelosigkeit
Innehalten
Am Ende sein

Umkehr von Bedeutungen, Zielen, Werten

Eine Umkehr aller einstigen
Ideale
Ein neues Gespür dafür, was
echt und wahr ist
Ende der Illusionen

Einsamkeit

Niemand teilt meine Gefühle
Ich reise allein
Die Route ist nirgends
verzeichnet
Freunde und Familie verstehen
mich nicht und lassen mich
sogar im Stich

Weisheit und Macht

Erlange dein
Gleichgewicht zurück
Finde einen Weg
zu neuen Zielen
Neue Träume
Werde ein glücklicher Einsiedler
Finde zu deinen Ursprüngen

Zehn Stadien im Leben einer Frau

Seit Anbeginn der Zeit ist das Leben von Frauen in Stadien eingeteilt worden, die meist mit der sich verändernden Kraft ihres Körpers zu tun haben. Die physischen, spirituellen, emotionalen und kreativen Entwicklungsstadien einer Frau bauen aufeinander auf und schaffen in der Zeit der Reife eine weise Frau. Die Beobachtung ihrer Stadien erlaubt einer Frau, ihre Unruhe, Sehnsucht, Veränderung und Entwicklung zu verstehen und kann sie auf ihren authentischen und bedeutsamen Pfad zurückführen.

Alter	Stadium
0–7	Kindliches Staunen
7–14	Beginn hormoneller Aktivität
14–21	Entfaltung der Sexualität
21–28	Bestätigung durch einen Mann – der Wunsch nach Fortpflanzung
28–35	Geburt, Mutterschaft, Fürsorge, anderen den Vorrang geben
35–42	Das eigene Ich unbeachtet lassen, doch gelegentlich darüber hinausblicken
42–49	Beginn der Wechseljahre – war das alles? Verlangen nach Eigenliebe
49–56	Geburt einer reifen Psyche – das Verlangen fortzugehen, ohne Regeln zu leben und den Instinkten zu folgen

Frei nach Clarissa Pinkola Estés,
Die Wolfsfrau: die Kraft weiblicher Urinstinke.
Dt. v. Mascha Rabben
Heyne, 1993

Danksagung

Die alten Griechen glaubten, dass Freunde durch ständige Gespräche und ehrlichen Austausch gemeinsam eine höhere Ebene der Wahrheit erreichen können.

Dieses Buch wäre ohne solche Gespräche und ohne solchen Austausch nicht entstanden. Durch Warnungen, Überlegungen, Ablehnungen, Bestätigungen und das Beispiel zahlloser Frauen, die neue Ideale anstrebten, konnten sich die Lektionen festsetzen, die ich auf meiner zweiten Reise sammelte. Ich stehe in der Schuld vieler.

Am dankbarsten bin ich meinen Freundinnen, an denen ich meine Ideen immer wieder ausprobiere: Susan Dutcher, Ro Morrissey, Geri Appleyard, Carol Clark, Judy Munyon. Midge Dey, Nancy Cole, Pam Borman. Ich danke euch für eure unaufgeforderten Ratschläge.

Meiner Vertrauten und guten Freundin Vicki Armitage verdanke ich viel.

Dank an meine Schwestern, die Workshopteilnehmerinnen, die weiterhin in Verbindung bleiben, während sie ihre verschlungenen Reisen fortsetzen: Maureen McNamara, KC Whelen, Donna Cataldo, Joni Lipson, Karina Cicchino und Cathy Cohen.

Und an die Gesprächsgruppe, die im Chatham Bars Inn ihre Erfahrungen mit mir austauschte: Jan Jaso, Margaret DaRoss, Martha Ramage, Yvonne Rojas, Anne Glenn White, Cindy Pittenger, Laurinda Raquel, Denise Olsen, Bernadine

Tucker, Vicki Armitage, Kathy Wheeler, Julie Morton, Linda Edson, Betsy Miraglia, Colette Williams und Joni Lipson.

Meinen Dank an Ragdale, eine Schriftstellerresidenz in der Prärie von Illinois, in der ich mehrere Wochen verbrachte, um das Material dieser zweiten Reise in den Griff zu bekommen. Ich danke auch der Familie Snyder, die mir ihr Cottage auf Cape Cod zur Verfügung stellte, wo ich mich sowohl verstecken als auch arbeiten konnte, genau wie allen auf Iona, vor allem Mary MacDonald und Elinore Detiger.

Besondere Hilfe erhielt ich von Menschen wie Cathy Cohen, der Schriftstellerkollegin Anne LeClaire, ihrem Mann Hillary und Liz Lockwood.

Aber keine Autorin wäre etwas wert ohne die Unterstützung durch ihr literarisches Team. In dieser Hinsicht bin ich äußerst dankbar für Pam Dormans Lektorinnenblick, Ellen Archers Vision und die Tatsache, dass beide gleich zu Beginn an das Konzept der zweiten Reise glaubten. Meine Agentin Olivia Blumer kümmert sich nicht nur um das Geschäftliche, sondern ist im Laufe der Jahre auch zu einem Resonanzboden und einer Freundin geworden. Nicht unerwähnt lassen möchte ich das kritische Auge von Rebecca Anderson, die dazu beigetragen hat, mich in die richtige Richtung zu lenken, wenn ich Kurven schneiden, Umwege machen und gänzlich vom Wege abkommen wollte. Gemeinsam waren wir in der Lage, eine höhere Ebene der Wahrheit zu erreichen, weshalb dieses Projekt unter einem guten Stern stand.

Vor allem aber werde ich stets in der Schuld von Joan Erikson stehen, die mir durch ihre »Erikson'sche Wirklichkeit« nicht nur den Wert des Lebenszyklus vermittelte, sondern mich dazu ermutigte, generativ zu sein und das Gelernte weiterzugeben. Obwohl sie nicht mehr unter uns weilt, leben ihre Arbeit und die Lebenszyklus-Tabelle ihres Mannes fort, und ich bin dankbar, dass ich sie benutzen darf.

Zum Schluss möchte ich noch die Worte und Gaben all

jener lobpreisen, die hauptsächlich in spirituellen Sphären leben – Marcia West, Gerald O'Collins, Sister Lita, die Inspiration des verstorbenen William Sloan Coffin und die Menschen auf Iona.

Barbara Sher im dtv

Wishcraft
Wie ich bekomme, was ich wirklich will
Übersetzt von Gudrun Schwarzer
ISBN 978-3-423-34618-4

Leitfaden und Erfolgsprogramm für alle, die in ihrem privaten oder beruflichen Leben eine neue Richtung einschlagen wollen.

**Ich könnte alles tun, wenn ich nur wüsste,
was ich will**
Deutsche Erstausgabe
Übersetzt von Gudrun Schwarzer
ISBN 978-3-423-24448-0

»Endlich gibt es dieses wichtige Buch auf Deutsch! ... Lesen Sie dies wundervolle, lebensnahe und zutiefst praxisorientierte Buch – es lohnt sich wirklich!« *Zeit zu leben*

Lebe das Leben, von dem du träumst
Deutsche Erstausgabe
Übersetzt von Gudrun Schwarzer
ISBN 978-3-423-24585-2

Wie man einen maßgeschneiderten Erfolgsplan entwirft und ihn mit den Mitteln umsetzt, die zu einem passen, zeigt uns die Autorin in diesem Buch, das bei seinem Erscheinen in den USA zum »besten Motivationsbuch des Jahres" gekürt wurde.

**Du musst dich nicht entscheiden,
wenn du tausend Träume hast**
Deutsche Erstausgabe
Übersetzt von Bettina Lemke
ISBN 978-3-423-24654-5

Die Autorin befasst sich ausführlich mit Wesen, Freud und Leid der Menschen, die sich nicht auf ein einziges Lebensthema beschränken wollen, weil sie sich so vieles vorstellen können. Sie verrät Tricks, wie man aus dieser Not eine Tugend macht und ein erfülltes Leben führt.

Bitte besuchen Sie uns im Internet: www.dtv.de